Initiatives en faveur de la dématérialisation et de la transformation numérique des administrations fiscales

OCDE
DES POLITIQUES MEILLEURES POUR UNE VIE MEILLEURE

Cet ouvrage a été approuvé et déclassifié par le Comité des affaires fiscales le 04/06/2025.

Ce document, ainsi que les données et cartes qu'il peut comprendre, sont sans préjudice du statut de tout territoire, de la souveraineté s'exerçant sur ce dernier, du tracé des frontières et limites internationales, et du nom de tout territoire, ville ou région.

Merci de citer cet ouvrage comme suit :
OCDE (2025), *Initiatives en faveur de la dématérialisation et de la transformation numérique des administrations fiscales*, Éditions OCDE, Paris, https://doi.org/10.1787/cf539ede-fr.

ISBN 978-92-64-87973-7 (imprimé)
ISBN 978-92-64-58758-8 (PDF)
ISBN 978-92-64-48464-1 (HTML)

Crédits photo : Couverture © Khanchit Khirisutchalual/Getty images.

Les corrigenda des publications de l'OCDE sont disponibles sur : https://www.oecd.org/fr/publications/support/corrigenda.html.

Avant-propos

De nombreuses administrations fiscales se sont engagées sur la voie de la transformation numérique, en mettant en place de nouvelles initiatives et innovations numériques pour favoriser la discipline fiscale et alléger les formalités. La publication intitulée *Initiatives en faveur de la dématérialisation et de la transformation numérique des administrations fiscales* donne un aperçu de l'ampleur des stratégies suivies par les administrations fiscales ainsi que des progrès qu'elles ont accomplis. Bien qu'elles n'en soient pas toutes au même stade, elles partagent des objectifs et des défis communs et peuvent apprendre les unes des autres.

La synthèse des données figurant dans l'Inventaire des initiatives de technologie fiscale (OCDE et al., 2024[1]) qui est proposée dans le rapport peut aider les administrations fiscales dans leur réflexion sur les réformes susceptibles d'être menées au niveau national en faveur de la dématérialisation et de la transformation numérique. Elle permet de comparer les efforts déployés, de mieux comprendre les initiatives en cours et de mettre en évidence de nouvelles approches. Elle aide en outre à dégager les domaines dans lesquels la collaboration future entre les administrations fiscales pourrait être la plus fructueuse.

Les données sous-jacentes ont été recueillies dans le cadre de l'édition 2024 de l'Enquête mondiale sur la transformation numérique, à laquelle ont répondu plus d'une centaine d'administrations fiscales de pays du monde entier. La présente publication a pour objet d'examiner uniquement les données communiquées par les 54 membres du Forum sur l'administration fiscale de l'OCDE. Celles-ci n'ont pas été examinées ou validées par l'OCDE et il convient donc de ne pas perdre de vue que ce sont les administrations concernées qui les ont notifiées.

Ce rapport a été approuvé par le Comité des affaires fiscales le 4 juin 2025 et préparé pour publication par le Secrétariat de l'OCDE.

Remerciements

Le rapport *Initiatives en faveur de la dématérialisation et de la transformation numérique des administrations fiscales* présente une synthèse des données figurant dans l'Inventaire des initiatives de technologie fiscale (OCDE et al., 2024[1]), lesquelles ont été recueillies dans le cadre de l'édition 2024 de l'Enquête mondiale sur la transformation numérique. Sa publication n'aurait pas été possible sans le concours direct et l'appui d'un grand nombre de personnes, en particulier des agents des administrations fiscales qui ont communiqué les données et revu le contenu en constituant la matière.

Les auteurs de cette publication sont Oliver Petzold, Fiona May et Peter Green, tous trois conseillers auprès du Secrétariat du Forum sur l'administration fiscale (FTA) de l'OCDE. La gestion et l'analyse des données ont été assurées par Oliver Petzold. Les auteurs remercient Karine Lepron, de la Division des pratiques et solutions en matière de données intelligentes de l'OCDE, pour ses travaux d'élaboration de la base de données qui sous-tend l'Inventaire des initiatives de technologie fiscale. Ils saluent également le travail de l'équipe tout entière du Secrétariat du FTA, en particulier Sonia Nicolas, ainsi que de l'équipe chargée de la communication du Centre de politique et d'administration fiscales de l'OCDE.

Table des matières

GRAPHIQUES

TABLEAUX

Guide du lecteur

Administrations fiscales couvertes par ce rapport

Le rapport *Initiatives en faveur de la dématérialisation et de la transformation numérique des administrations fiscales* donne un aperçu de la portée et des progrès des outils technologiques et des solutions de transformation numérique mises en œuvre par les administrations fiscales. Il a principalement pour objet d'aider les administrations fiscales dans leur réflexion sur les réformes susceptibles d'être menées au niveau national en faveur de la dématérialisation et de la transformation numérique et de les aider à dégager les domaines dans lesquels la collaboration future entre les administrations fiscales, tant bilatérale que multilatérale, pourrait être la plus fructueuse.

Il propose une synthèse des données de l'Inventaire des initiatives de technologie fins fiscale (OCDE et al., 2024[1]) et couvre les 54 juridictions membres du Forum sur l'administration fiscale (FTA) de l'OCDE.

Inventaire des initiatives de technologiques fiscale

Cet inventaire est le fruit d'un partenariat mondial. Il a été établi avec le concours des partenaires de l'enquête ISORA (le Centre interaméricain des administrations fiscales, le Fonds monétaire international, l'Organisation intra-européenne des administrations fiscales et l'OCDE), de la Banque asiatique de développement, du Forum africain sur l'administration fiscale, du Cercle de réflexion et d'échange des dirigeants des administrations fiscale, de la Commonwealth Association of Tax Administrators et du Groupe d'étude sur l'administration et la recherche fiscales en Asie-Pacifique (SGATAR).

Il est géré par le Secrétariat du FTA de l'OCDE et peut être consulté à l'adresse suivante : https://www.oecd.org/content/oecd/fr/data/datasets/inventory-of-tax-technology-initiatives.html.

Processus de collecte de données

Les données qui sous-tendent l'inventaire ont été recueillies dans le cadre de l'édition 2024 de l'Enquête mondiale sur la transformation numérique[1], lancée en avril 2024 et à laquelle plus d'une centaine d'administrations fiscales ont répondu. Les données n'ont pas été examinées ou validées par l'OCDE, ni par aucune autre organisation partenaire. Il convient donc de ne pas perdre de vue que ce sont les administrations concernées qui les ont notifiées.

Structure de la publication

La publication s'articule autour de sept chapitres, à savoir (i) une introduction, suivie de six chapitres sur les composantes de la vision qu'a l'OCDE de la transformation numérique de l'administration de l'impôt, désignée par l'expression « vision de l'Administration fiscale 3.0 » et décrite dans la publication de l'OCDE intitulée *Administration fiscale 3.0 : La transformation numérique de l'administration de l'impôt* (OCDE,

2024[2]), à savoir : (ii) l'identité numérique ; (iii) les points de contact avec les contribuables ; (iv) la gestion et la normalisation des données ; (v) l'administration et l'application des règles fiscales ; (vi) les nouvelles compétences ; et (vii) les cadres de gouvernance.

Forum sur l'administration fiscale

Le Forum sur l'administration fiscale (FTA) est un organisme unique en son genre qui rassemble des responsables et des agents d'administrations fiscales de plus de 50 pays membres ou non de l'OCDE. Le FTA permet aux responsables des administrations fiscales de partager des connaissances, d'entreprendre des recherches et de faire émerger des idées nouvelles visant à améliorer l'administration de l'impôt à l'échelle mondiale. Les lecteurs qui souhaitent en savoir plus sur le FTA doivent se rendre à l'adresse https://www.oecd.org/fr/networks/oecd-forum-on-tax-administration.html. Pour plus d'informations sur les travaux de l'OCDE dans le domaine de l'administration de l'impôt, voir : https://www.oecd.org/fr/themes/administration-fiscale.html. (Les deux liens ont été consultés le 12 février 2025).

Avertissement

Le cadre dans lequel les administrations fiscales s'acquittent de leurs missions varie d'une juridiction à l'autre : les modalités de gestion du système d'imposition dépendent du contexte politique et législatif ainsi que des pratiques et de la culture administrative. De ce fait, il ne serait ni réaliste, ni souhaitable, d'appliquer une vision normalisée de l'administration de l'impôt à un cas particulier. C'est en ayant cela à l'esprit que le présent document et les observations qu'il contient doivent être interprétés. Il y a lieu de veiller, lorsque l'on étudie les pratiques en vigueur dans une juridiction, à prendre pleinement en considération les facteurs complexes qui ont façonné la démarche qu'elles incarnent. De même, il convient de tenir compte des défis et des priorités spécifiques que chaque administration doit gérer.

Sigles et abréviations

API	Interface de programmation d'application
FTA	Forum sur l'administration fiscale
IA	Intelligence artificielle
IRPP	Impôt sur le revenu des personnes physiques
IS	Impôt sur les sociétés
RH	Ressources humaines
TVA	Taxe sur la valeur ajoutée

Résumé

Lorsque le Forum sur l'administration fiscale (FTA) de l'OCDE a publié en 2020 sa vision de l'administration fiscale à venir – Administration fiscale 3.0 – (OCDE, 2024[2]), de nombreuses administrations fiscales s'étaient déjà engagées dans un processus de transformation numérique en innovant et en prenant de nouvelles initiatives dans le domaine du numérique pour favoriser la discipline fiscale et réduire les contraintes. Beaucoup d'autres ont suivi depuis, adoptant pleinement cette vision à long terme et s'efforçant de faire de la fiscalité une expérience plus fluide pour les citoyens et les entreprises.

Le rapport *Initiatives en faveur de la dématérialisation et de la transformation numérique des administrations fiscales* examine de plus près les progrès accomplis par ces dernières en matière de dématérialisation et de transformation numérique. Contenant une multitude de données, il est destiné à être utilisé par les analystes et les stratèges de l'administration fiscale dans leurs réflexions sur les réformes possibles à l'échelle nationale, et à les aider à identifier les domaines dans lesquels la collaboration future pourrait être la plus utile. Essentiellement destiné aux analystes et aux stratèges, ce rapport peut aussi être utile aux hauts responsables de services fiscaux ou de ministères des Finances pour comprendre les tendances mondiales et les aider dans leur réflexion sur les changements pouvant être apportés à l'administration de leur système fiscal.

En utilisant les données de l'Inventaire des initiatives de technologie fiscale (OCDE et al., 2024[1]), le présent rapport examine de plus près les outils technologiques et les solutions de dématérialisation mises en œuvre par les 54 membres du FTA. Il montre que :

- **La plupart des contribuables utilisent déjà une identité numérique** pour accéder aux services en ligne proposés par l'administration fiscale, condition préalable à l'identification certaine des contribuables et à l'interaction des systèmes permettant l'échange de données en temps réel.
- **Les administrations intègrent les interactions de leurs systèmes avec ceux des contribuables dans des systèmes tiers** : plus de 80 % des administrations fiscales développent des interfaces de programmation d'applications (API), et plus des trois quarts d'entre elles rendent leurs API accessibles au public pour une utilisation par des tiers. Certaines administrations fiscales ont également commencé à créer des systèmes naturels pour les contribuables en développant des solutions logicielles que ceux-ci peuvent utiliser, par exemple pour l'archivage des données ou la création et la conversion de fichiers et de formulaires électroniques.
- **Les administrations fiscales reçoivent de plus en plus de données issues directement des systèmes d'entreprise des contribuables et de tiers**. Environ 80 % des administrations déclarent obtenir des données directement à partir des systèmes d'entreprise des contribuables, au-delà des informations relatives au prélèvement à la source, certaines données étant déjà envoyées automatiquement à l'administration de machine à machine sans intervention humaine.
- **De nombreux contribuables bénéficient d'une expérience fluide grâce à des déclarations fiscales intégralement préremplies**. La majorité des administrations sont déjà en mesure de préremplir intégralement les déclarations de nombreux contribuables assujettis à l'IRPP. Grâce à la disponibilité de solutions technologiques telles que les systèmes de facturation électronique, près de 40 % des administrations fiscales ont également déclaré être en mesure de préremplir les

déclarations de TVA et environ un quart d'entre elles préremplissent les déclarations d'IS. Environ 30 % de ces administrations sont capables de fournir aux contribuables assujettis à la TVA et à l'IS des déclarations totalement préremplies sans que ces derniers aient besoin d'apporter des modifications.

- **L'intelligence artificielle (IA) est utilisée par plus de 70 % des administrations fiscales** pour renforcer l'efficacité et l'efficience de l'administration, par exemple en matière de gestion de la discipline fiscale, et pour améliorer les services aux contribuables. L'IA est le plus couramment utilisée pour détecter la fraude et l'évasion fiscales. Vient ensuite son utilisation dans les processus d'évaluation des risques et dans le cadre des assistants virtuels.
- **De nombreuses administrations ont commencé à recenser et à cartographier les compétences nécessaires à une transformation numérique.** Un peu plus d'un quart des administrations ont recensé les compétences futures nécessaires à une transformation numérique réussie pour l'ensemble de l'administration, et, outre celles-ci, 45 % l'ont fait pour certaines parties de l'administration. Les trois quarts de celles qui procèdent à ce recensement collaborent avec d'autres organismes publics et des partenaires extérieurs pour améliorer les compétences du personnel nécessaires à la transformation numérique.
- **Près de 80 % des administrations ont élaboré une stratégie de transformation numérique.** La transformation numérique représente un changement fondamental dans le modèle de fonctionnement d'une organisation et, pour suivre une approche structurée, de nombreuses administrations mettent progressivement au point des stratégies de transformation numérique qui définissent des objectifs, un calendrier et un ordre de priorité pour chaque étape. Près de 80 % des administrations disposent d'un organe de gouvernance composé de hauts responsables pour superviser les processus concernés, définir l'orientation stratégique et assurer la bonne mise en œuvre de la stratégie de transformation numérique.

Le processus de transformation numérique complète de l'administration fiscale est long et les données présentées dans le présent rapport montrent que les membres du FTA ont déjà accompli des progrès importants. Compte tenu de la transformation numérique rapide de l'économie dans son ensemble, il sera intéressant de voir à quel rythme cette transformation progresse au sein des administrations fiscales

References

OCDE (2024), *Administration fiscale 3.0 : La transformation numérique de l'administration de l'impôt*, Éditions OCDE, Paris, https://doi.org/10.1787/6c010f8f-fr. [2]

OCDE et al. (2024), *Inventaire des initiatives de technologie fiscale*, https://www.oecd.org/content/oecd/fr/data/datasets/inventory-of-tax-technology-initiatives.html (consulté le 7 Février 2025). [1]

Note

[1] L'enquête peut être consultée à l'adresse suivante : https://www.oecd.org/content/dam/oecd/fr/topics/policy-issue-focus/inventory-of-tax-technology-initiatives/global-survey-digitalisation-2024-fr.pdf (consulté le 12 février 2025).

1 Introduction

La transformation numérique fait partie intégrante des administrations fiscales depuis quelques années, celles-ci investissant de plus en plus de ressources dans la réforme de leurs processus pour devenir véritablement numériques. Dans le contexte de la transformation numérique de la société au sens large, il est impératif que les administrations fiscales suivent le rythme. La technologie et les services numériques ont remodelé le mode de fonctionnement des personnes physiques et des entreprises, et les administrations fiscales s'y adaptent en modifiant radicalement leurs modèles opérationnels afin de tirer parti de ce que les technologies numériques, notamment les interconnexions croissantes entre les systèmes numériques, peuvent désormais offrir.

Le cœur de la vision de l'Administration fiscale 3.0 telle que décrite dans la publication phare de l'OCDE de 2020 *Administration fiscale 3.0 : La transformation numérique de l'administration de l'impôt* (OCDE, 2024[1]) est l'idée selon laquelle l'administration fiscale de demain sera entièrement centrée sur le contribuable, en mettant l'accent sur la manière de faire de l'imposition un processus fluide et sans contraintes. Les différents systèmes et les différentes technologies utilisés par les citoyens, les entreprises et les pouvoirs publics – leurs « systèmes naturels » – sont de plus en plus interconnectés. Il est ainsi désormais plus facile de transférer les procédures fiscales dans les systèmes naturels des contribuables où les faits générateurs de l'impôt se produisent ou sont enregistrés, ce qui offre des possibilités de réduction des contraintes liées à l'enregistrement, à la déclaration et au calcul.

L'évolution rapide de l'intelligence artificielle (IA) constitue l'un des changements les plus importants. L'IA est de plus en plus utilisée par les administrations fiscales pour améliorer l'efficience et l'efficacité de leurs services dans divers domaines, de l'amélioration des services aux contribuables à la détection de la fraude fiscale. Si l'IA offre sans aucun doute de nombreuses possibilités, son adoption par les administrations fiscales doit faire l'objet d'une gouvernance appropriée afin de garantir l'objectivité, la confidentialité des données et la confiance.

Le personnel de l'administration fiscale est au cœur du processus de transformation numérique. Les compétences requises par les administrations fiscales évoluent, avec un besoin accru de personnel possédant une culture numérique et des compétences techniques en matière de gestion des données, de nouvelles technologies et de cybersécurité. Des compétences en gestion de projet pour mener à bien des projets techniques et des compétences en gestion du changement seront également précieuses.

Le rapport *Initiatives en faveur de la dématérialisation et de la transformation numérique des administrations fiscales* examine les progrès accomplis par les administrations dans la mise en œuvre de solutions numériques et de réformes en faveur de la transformation numérique. Pour ce faire, il analyse les données de l'Inventaire des initiatives de technologie fiscale (OCDE et al., 2024[2]), et les examine dans le contexte des six composantes de l'Administration fiscale 3.0 qui figurent dans le Graphique 1.1. :

- **Identité numérique** : À l'heure où les administrations fiscales fournissent de plus en plus de services en ligne, l'identité numérique est devenue une pierre angulaire de leur travail. En l'absence d'identités numériques sécurisées, il n'est pas possible de passer intégralement à des interactions entre machines. Le ***chapitre 2*** présente les services d'identité numérique proposés par les administrations fiscales, y compris leur utilisation et leurs principales caractéristiques. Il examine également les méthodes d'authentification et les processus d'autorisation.

- **Points de contact avec les contribuables** : Les contribuables ont plus de contacts que jamais avec l'administration fiscale, d'autant plus que les administrations proposent davantage de services en ligne, souvent en collaboration avec l'administration dans son ensemble et des tiers. Cette démarche est facilitée par divers points de contact avec les contribuables, que le ***chapitre 3*** examine plus en détail.

Graphique 1.1. La composition du cadre de l'Administration fiscale 3.0

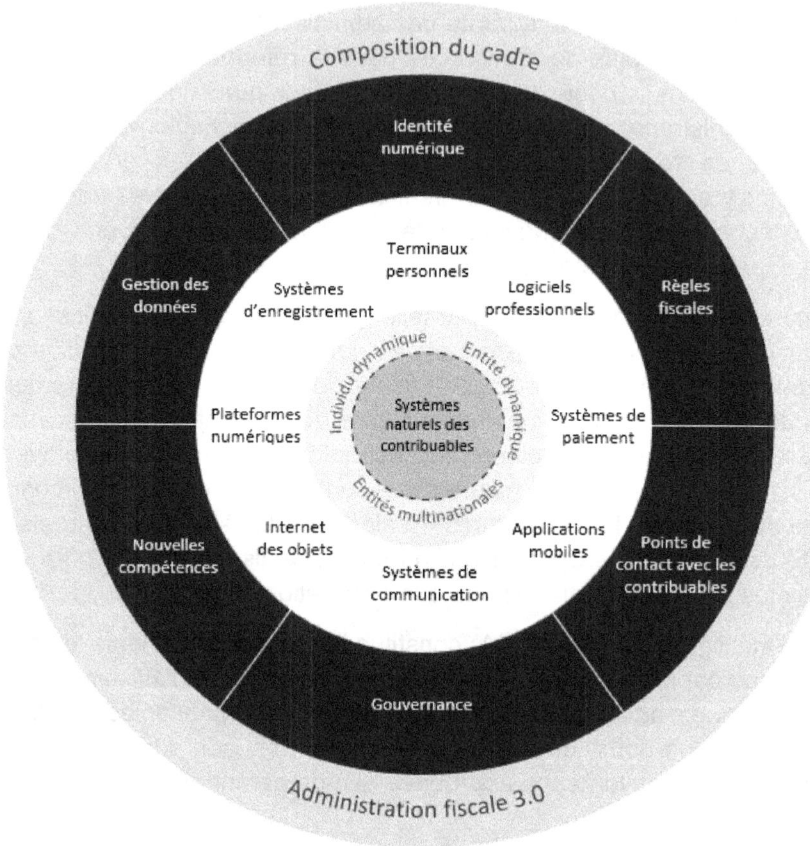

Source : OCDE (2024), *Administration fiscale 3.0 : La transformation numérique de l'administration de l'impôt*, Éditions OCDE, Paris, https://doi.org/10.1787/6c010f8f-fr.

- **Gestion des données** : Les données sont au cœur du fonctionnement efficace des administrations fiscales modernes et la dématérialisation permet aux administrations d'en collecter toujours plus. Le ***chapitre 4*** met en lumière certaines des principales considérations relatives à la gestion des données, notamment l'importance de leur gouvernance et l'évolution de la manière dont les administrations les collectent, les communiquent et les analysent.
- **Règles fiscales** : le ***chapitre 5*** présente les avancées et les innovations en matière de gestion des règles fiscales. Il fournit des statistiques sur les cadres d'assurance, l'enregistrement et la radiation automatisés, et les retenues à la source par des tiers. Le rôle croissant de l'IA est également mis en avant, de même que des considérations relatives à son utilisation efficace.
- **Nouvelles compétences :** la gestion des ressources humaines et les processus de changement sont essentiels à la transformation numérique, car de nouveaux agents devront être embauchés et les compétences du personnel en place devront peut-être être développées. Le ***chapitre 6***

examine les approches adoptées par les administrations fiscales pour recenser et cartographier les compétences, ainsi que pour bâtir une culture numérique.

- **Gouvernance** : Enfin, le ***chapitre 7*** examine le rôle des cadres de gouvernance dans la transformation numérique, et la façon dont l'adoption d'une stratégie de transformation numérique peut aider les administrations fiscales à définir les principaux objectifs et les principales étapes et priorités de la transformation.

Références

OCDE (2024), *Administration fiscale 3.0 : La transformation numérique de l'administration de l'impôt*, Éditions OCDE, Paris, https://doi.org/10.1787/6c010f8f-fr. [1]

OCDE et al. (2024), *Inventaire des initiatives de technologie fiscale*, https://www.oecd.org/content/oecd/fr/data/datasets/inventory-of-tax-technology-initiatives.html (consulté le 7 Février 2025). [2]

2 Identité numérique

Les échanges entre les administrations fiscales, les citoyens et les entreprises se font de plus en plus en ligne, ce qui nécessite une identification unique et sécurisée de l'ensemble des acteurs concernés. Les identités numériques de confiance[1] jouent un rôle essentiel en apportant des garanties quant à l'identification des contribuables. Elles permettent l'accès à des services en ligne, le croisement des informations disponibles, la délégation de représentation et contribuent également à la fourniture de services publics coordonnés, ainsi qu'aux échanges automatisés entre systèmes.

Ce chapitre aborde en détail le sujet de l'adoption des identités numériques par les administrations fiscales, notamment la population concernée et les méthodes d'authentification, indispensables pour que les contribuables puissent accéder aux services numériques. Les auteurs examinent également les procédures d'autorisation mises en place par les administrations fiscales.

Utilisations des identités numériques

Presque toutes les administrations disposent aujourd'hui de systèmes d'identité numérique pour les particuliers et les entreprises, posant ainsi des bases solides pour leur transformation numérique (voir Tableau 2.1.). Le tableau montre également que ce n'est pas nécessairement l'administration qui fournit l'identité numérique. Dans de nombreuses juridictions, l'identité numérique peut être délivrée par un autre organisme public ou, dans environ un tiers des juridictions, par des acteurs privés.

De plus en plus, ces identités numériques permettent d'accéder aux services d'autres administrations ou de tiers. Comme le montre le Tableau 2.1., dans plus de la moitié des juridictions, l'identité numérique fournie par l'administration fiscale permet également d'accéder à des services d'autres organismes publics, et dans environ 15 % des juridictions, elle peut être utilisée pour accéder aux services du secteur privé.

Tableau 2.1. Utilisations de l'identité numérique, 2024

Pourcentage d'administrations ayant mis en place la mesure indiquée

Catégorie de contribuable	Les contribuables sont tenus d'utiliser une identité numérique approuvée pour accéder aux services numériques sécurisés de l'administration	Le cas échéant : L'identité numérique utilisée pour accéder aux services peut être fournie par ...*(plusieurs réponses possibles)*			Les identités numériques sont interopérables *(lorsque plusieurs organismes sont habilités à les délivrer)*	L'identité numérique délivrée par l'administration fiscale donne également accès aux services fournis par ...	
		L'administration fiscale	Un autre organisme public	Un organisme du secteur privé		Un autre organisme public	Un organisme du secteur privé
Personne physique	98.1	71.7	66.0	34.0	67.7	55.3	15.8
Entreprise	96.3	71.2	48.1	36.5	75.0	59.5	13.5

Source : OCDE *et al.* (2024), *Inventaire des initiatives de technologie fiscale*, https://www.oecd.org/content/oecd/fr/data/datasets/inventory-of-tax-technology-initiatives.html (consulté le 7 février 2025).

Dans la plupart des juridictions, l'utilisation d'une identité numérique approuvée est désormais la norme pour accéder aux services de l'administration fiscale. Comme le montre le Tableau 2.2., dans environ deux tiers des juridictions, entre 81 % et 100 % des particuliers utilisent une identité numérique pour accéder aux services numériques sécurisés proposés par l'administration fiscale. Ce taux est encore plus élevé pour les entreprises : près de 90 % des administrations déclarent que plus de 80 % des entreprises utilisent une identité numérique.

Tableau 2.2. Pourcentage estimé de contribuables utilisant une identité numérique pour accéder aux services numériques sécurisés proposés par l'administration, 2024

Pourcentage d'administrations déclarant une utilisation de l'identité numérique dans la fourchette correspondante

Catégorie de contribuable	Pourcentage estimé de la population de contribuables qui utilise une identité numérique approuvée pour accéder aux services				
	0-20 pour cent	21-40 pour cent	41-60 pour cent	61-80 pour cent	81-100 pour cent
Personne physique	0.0	15.1	7.6	11.3	66.0
Entreprise	5.8	1.9	0.0	5.8	86.5

Note : Les pourcentages se rapportent aux administrations qui exigent l'utilisation d'une identité numérique approuvée (voir Tableau 2.1.).
Source : OCDE *et al.* (2024), *Inventaire des initiatives de technologie fiscale*, https://www.oecd.org/content/oecd/fr/data/datasets/inventory-of-tax-technology-initiatives.html https://www.oecd.org/content/oecd/fr/data/datasets/inventory-of-tax-technology-initiatives.html (consulté le 7 février 2025).

Les solutions d'identité numérique proposées par les administrations fiscales peuvent présenter un éventail de fonctionnalités. Comme le souligne le Tableau 2.3., tant pour les particuliers que pour les entreprises, la majorité de ces solutions ne sont pas conçues *ex nihilo*, mais s'appuient sur un système national d'identité existant. Près des deux cinquièmes des solutions d'identité numérique peuvent être connectées à des systèmes étrangers, même si seulement 65 % d'entre elles le sont déjà dans la pratique. Dans la plupart des cas, l'identité numérique est créée sur demande, et non automatiquement.

Tableau 2.3. Principales caractéristiques des solutions d'identité numérique, 2024

Pourcentage d'administrations ayant mis en place la mesure indiquée

Catégorie de contribuable	La solution d'identité numérique sous-jacente ...		Lien avec des systèmes d'identité étrangers			L'identité numérique est créée ...	
				Le cas échéant, la connexion avec les systèmes d'identité étrangers est ...			
	Repose sur un système d'identité national existant	Est entièrement nouvelle	La solution d'identité numérique peut être connectée à des systèmes d'identité étrangers	Déjà configurée en pratique	Possible en théorie	Automatiquement	Sur demande
Personne physique	79.2	20.8	37.7	65.0	35.0	17.0	83.0
Entreprise	75.0	25.0	38.5	65.0	35.0	17.3	82.7

Note : Les pourcentages se rapportent aux administrations qui exigent l'utilisation d'une identité numérique approuvée (voir Tableau 2.1.).
Source : OCDE *et al.* (2024), *Inventaire des initiatives de technologie fiscale*, https://www.oecd.org/content/oecd/fr/data/datasets/inventory-of-tax-technology-initiatives.html (consulté le 7 février 2025).

Méthodes d'authentification

Compte tenu du recours massif aux identités numériques pour accéder aux services en ligne (comme indiqué dans le Tableau 2.2.), il est essentiel de renforcer les systèmes de sécurité pour lutter contre le vol d'identité numérique. Il n'est donc pas surprenant que toutes les administrations déclarent faire appel à des méthodes d'authentification afin de vérifier l'identité numérique lorsqu'elle est utilisée en ligne.

Les méthodes de vérification sont variables ; le Tableau 2.4. montre cependant que l'authentification par mot de passe est utilisée par 77 % des administrations, suivie de l'authentification multifactorielle, et au moyen d'une application mobile. Quelques administrations utilisent également la reconnaissance faciale ou l'empreinte digitale. Par ailleurs, les deux tiers des administrations ont précisé que la méthode d'authentification utilisée dépendait du niveau de sécurité requis par certains types d'échanges.

Tableau 2.4. Authentification de l'identité numérique, 2024

Pourcentage d'administrations ayant mis en place la mesure indiquée

Méthodes d'authentification utilisées par l'administration fiscale									Application de différentes méthodes d'authentification en fonction du niveau de sécurité requis par certains types d'échanges
Authentification par mot de passe	Carte d'identité	Application mobile	Reconnaissance vocale	Reconnaissance faciale	Scanner rétinien	Empreinte digitale	Authentification à plusieurs facteurs	Autre	
77.4	39.6	41.5	1.9	17.0	1.9	17.0	69.8	22.6	66.7

Note : Les pourcentages se rapportent aux administrations qui exigent l'utilisation d'une identité numérique approuvée (voir Tableau 2.1.).
Source : OCDE *et al.* (2024), *Inventaire des initiatives de technologie fiscale*, https://www.oecd.org/content/oecd/fr/data/datasets/inventory-of-tax-technology-initiatives.html (consulté le 7 février 2025).

Autorisation

Traditionnellement, de nombreux contribuables font appel à des tiers — conseillers fiscaux, comptables ou intermédiaires — pour gérer leurs obligations fiscales. Près de 90 % des administrations fiscales ont ainsi mis en place des dispositifs permettant aux contribuables d'autoriser ces tiers à accéder à des services numériques sécurisés en leur nom (voir Tableau 2.5.). Parmi celles qui offrent une telle possibilité, 90 % permettent de désigner une personne nommément, et environ deux tiers autorisent l'accès à une entité.

Tableau 2.5. Autorisation d'accès aux services numériques sécurisés proposés par l'administration fiscale, 2024

Pourcentage d'administrations ayant mis en place la mesure indiquée

Les contribuables peuvent autoriser un tiers à accéder aux services numériques sécurisés	Le cas échéant :			
	L'autorisation peut être accordée à ...		Un tiers autorisé peut représenter ...	
	Une personne physique nommément désignée	Une entité	Une personne physique	Une entité
86.8	87.0	65.2	93.5	93.5

Note : Les pourcentages se rapportent aux administrations qui exigent l'utilisation d'une identité numérique approuvée (voir Tableau 2.1.).
Source : OCDE *et al.* (2024), *Inventaire des initiatives de technologie fiscale*, https://www.oecd.org/content/oecd/fr/data/datasets/inventory-of-tax-technology-initiatives.html (consulté le 7 février 2025).

Innovations

Pour relever les défis liés à la sécurité et à la protection de la vie privée soulevés par l'utilisation des identités numériques, les administrations fiscales commencent à explorer des approches technologiques innovantes. Comme le montre le Tableau 2.6., près de 10 % des administrations déclarent utiliser des solutions d'identité auto-souveraine, qui permettent aux individus de garder le contrôle de leur identité numérique, et 14 % ont indiqué recourir à un portefeuille d'identité numérique, permettant de stocker et de gérer les données d'identité et les documents officiels. Environ 6 % des administrations ont déclaré recourir à l'intelligence artificielle dans le cadre du système d'identité numérique, mais aucune n'a indiqué utiliser la technologie des chaînes de blocs.

Tableau 2.6. Utilisation de technologies ou de solutions innovantes en matière d'identité numérique, 2024

Pourcentage d'administrations ayant mis en place la mesure indiquée

Type de technologie ou de solution utilisée			
Chaîne de blocs	Identité auto-souveraine	Portefeuille d'identité numérique	Intelligence artificielle
0.0	9.4	13.5	5.7

Note : Les pourcentages se rapportent aux administrations qui exigent l'utilisation d'une identité numérique approuvée (voir Tableau 2.1.).
Source : OCDE *et al.* (2024), *Inventaire des initiatives de technologie fiscale*, https://www.oecd.org/content/oecd/fr/data/datasets/inventory-of-tax-technology-initiatives.html (consulté le 7 février 2025).

On trouvera dans le rapport de l'OCDE intitulé *Tax Administration 3.0 and the Digital Identification of Taxpayers: Initial Findings* (OCDE, 2022[1]), des informations complémentaires sur l'utilisation des identités numériques dans les administrations fiscales, notamment sur les solutions adoptées dans les différents pays, ainsi que sur les défis liés aux procédures transfrontières.

Références

OCDE (2022), *Administration fiscale 3.0 et identification numérique des contribuables : premières conclusions (uniquement disponible en anglais),*, Forum sur l'administration fiscale de l'OCDE, Éditions OCDE, Paris, https://doi.org/10.1787/3ab1789a-en. [1]

OCDE et al. (2024), *Inventaire des initiatives de technologie fiscale*, https://www.oecd.org/content/oecd/fr/data/datasets/inventory-of-tax-technology-initiatives.html (consulté le 7 Février 2025). [2]

Note

[1] Aux fins de l'enquête qui sous-tend l'inventaire des initiatives en matière de technologie fiscale (OCDE et al., 2024[2]), on entend par identité numérique une représentation électronique d'une personne physique ou d'une entreprise qui permet de la distinguer suffisamment des autres dans le cadre d'échanges en ligne. L'identité numérique comprend les caractéristiques qui sont associées à un identifiant utilisé pour authentifier la personne ou l'entreprise.

3 Points de contact avec les contribuables

Les points de contact avec les contribuables facilitent le dialogue entre ces derniers et l'administration fiscale. Ils sont indispensables à un fonctionnement efficace et efficient du système fiscal et à la résolution des difficultés qui pourraient se présenter. Sur la trajectoire de la mise en œuvre de la vision de l'Administration fiscale 3.0 (OCDE, 2024[1]), les administrations fiscales s'attacheront autant que faire se peut à effacer les facteurs de tension afin de bâtir un système fiscal intégré. Lorsque cela ne sera pas possible, les points de contact avec les contribuables continueront de jouer un rôle important. Dans ce contexte, les administrations fiscales rechercheront les moyens de fournir des services en temps réel, y compris des réponses automatisées aux demandes des contribuables, et tenteront de repérer comment transférer les points de contact dans les systèmes naturels des contribuables.

Ce chapitre présente des observations sur certaines évolutions concernant les points de contact avec les contribuables. Il porte notamment sur les services en ligne proposés par les administrations fiscales et sur la manière dont elles utilisent la technologie, y compris l'intelligence artificielle, pendant leurs interactions avec des contribuables. Il a également pour objet d'examiner les progrès accomplis en matière d'intégration des points de contact dans les systèmes naturels utilisés par les contribuables, par exemple grâce à l'utilisation d'interfaces de programmation d'applications (API).

Services en ligne

Ces dernières années, la demande de services numériques a augmenté et l'accent a été placé sur la fourniture de services plus personnalisés. Les administrations fiscales ont répondu à cette demande en élargissant l'offre de services numériques. Cette tendance est bénéfique pour le contribuable au sens où elle facilite l'utilisation en libre-service, permet d'assurer une offre de service 24h/24 et 7j/7 et contribue à réduire le temps d'attente pour l'obtention d'une assistance. Du point de vue de l'administration fiscale, elle peut intensifier l'automatisation des services, et partant, réduire les coûts administratifs et accroître l'efficience.

Offre de services

La fourniture aux contribuables d'un large éventail de services efficaces et conviviaux est un pilier de la discipline fiscale. Le Tableau 3.1 donne un aperçu de certains services en ligne proposés par les administrations fiscales pour les trois principaux types d'impôts. Il apparaît que la grande majorité des administrations fiscales offrent en ligne un grand nombre de possibilités d'interaction entre elles et les contribuables.

Comme il ressort du Tableau 3.1., environ 90 %, voire plus, des administrations proposent désormais en ligne des services tels que l'enregistrement à des fins fiscales, le dépôt des déclarations fiscales, le paiement des impôts, le dépôt des réclamations fiscales, le traitement de la correspondance et le téléchargement de données. En outre, approximativement les trois quarts d'entre elles offrent la possibilité de déposer des demandes de facilités de paiement et des demandes confidentielles.

Parmi les services figurant dans le Tableau 3.1., on observe un retard, par rapport aux autres services proposés, uniquement pour les demandes de report des délais de dépôt de déclaration ou de paiement de l'impôt, sachant qu'environ 60 % des administrations fiscales autorisent les contribuables à faire leurs demandes en ligne.

Tableau 3.1. Services en ligne proposés par les administrations fiscales, par type d'impôt, 2024

Pourcentage d'administrations ayant mis en place la mesure indiquée

Type d'interactions	Impôt sur le revenu des personnes physiques	Impôt sur les bénéfices des sociétés	Taxe sur la valeur ajoutée
Enregistrement à des fins fiscales	88.5	87.0	92.0
Dépôt des déclarations fiscales	100.0	98.1	100.0
Paiement des impôts	90.4	92.6	92.0
Demande de report de délais (déclaration et paiement)	65.4	61.1	60.0
Demande de facilités de paiement	75.0	72.2	76.0
Demande de renseignements confidentiels dans un environnement sécurisé	75.0	74.1	74.0
Dépôt de réclamations fiscales	88.5	77.8	84.0
Traitement du courrier	90.4	88.9	90.0
Téléchargement de données sur les systèmes de l'administration fiscale	86.5	87.0	86.0

Source : OCDE et al. (2024), *Inventaire des initiatives de technologie fiscale*, https://www.oecd.org/fr/data/datasets/inventory-of-tax-technology-initiatives.html (consulté le 7 février 2025).

À mesure que les services en ligne proposés par les administrations fiscales se développent, celles-ci reconnaissent que, pour certains de ces services, il pourrait exister des possibilités de collaborer avec d'autres organismes publics en vue d'un déploiement à l'échelle de l'ensemble de l'administration.

Le Tableau 3.2 montre que, dans approximativement 40 % des juridictions, les opérations de paiement de l'impôt s'effectuent à partir d'un portail officiel de paiement en ligne de l'administration. En outre, dans les deux tiers des juridictions, l'enregistrement aux fins de l'impôt sur les sociétés (IS) fait partie intégrante d'une démarche administrative d'immatriculation en ligne, et il en va de même dans environ la moitié des juridictions pour l'impôt sur le revenu des personnes physiques (IRPP) et la taxe sur la valeur ajoutée (TVA).

Tableau 3.2. Services en lien avec l'impôt entrant dans le cadre d'une stratégie plus vaste de prestation de services administratifs, par type d'impôt, 2024

Pourcentage de juridictions dans lesquelles le processus fiscal indiqué s'inscrit dans le cadre d'une stratégie plus vaste de fourniture de services administratifs

Type d'interactions	Impôt sur le revenu des personnes physiques	Impôt sur les bénéfices des sociétés	Taxe sur la valeur ajoutée
L'enregistrement à des fins fiscales s'inscrit dans le cadre d'un processus plus vaste d'enregistrement en ligne	50.0	66.7	48.0
Le paiement des impôts s'effectue sur un portail officiel de paiement en ligne de l'administration	40.4	40.7	42.0

Source : OCDE et al. (2024), *Inventaire des initiatives de technologie fiscale*, https://www.oecd.org/content/oecd/fr/data/datasets/inventory-of-tax-technology-initiatives.html (consulté le 7 février 2025).

Pour gagner en efficience et réduire les coûts administratifs, de nombreuses administrations fiscales automatisent aussi de plus en plus leurs services en ligne. Comme le montre le Tableau 3.3, elles automatisent désormais entièrement les réponses pour toute une série de services en ligne (lorsque des critères prédéfinis sont remplis).

Tableau 3.3. Services en ligne avec réponses automatisées, par type d'impôt, 2024

Pourcentage d'administrations fournissant des réponses automatisées (lorsque les critères prédéfinis sont remplis) sans intervention humaine

Type d'interactions	Impôt sur le revenu des personnes physiques	Impôt sur les bénéfices des sociétés	Taxe sur la valeur ajoutée
Enregistrement à des fins fiscales : le déclarant reçoit une réponse automatique accompagnée du numéro d'identification fiscale.	69.2	70.4	56.0
Dépôt des déclarations fiscales : les déclarations sont traitées automatiquement et l'avis d'imposition est adressé au contribuable	76.9	64.8	74.0
Paiements : les paiements sont traités instantanément et pris en compte dans le solde accessible au contribuable.	46.2	51.9	52.0
Demande de report de délais : le demandeur reçoit une réponse automatique lui indiquant si sa demande a été acceptée ou rejetée	26.9	22.2	22.0
Demande de facilités de paiement : le demandeur reçoit une réponse automatique lui indiquant si sa demande a été acceptée ou rejetée	48.1	44.4	42.0

Source : OCDE et al. (2024), *Inventaire des initiatives de technologie fiscale*, https://www.oecd.org/content/oecd/fr/data/datasets/inventory-of-tax-technology-initiatives.html (consulté le 7 février 2025).

Utilisation de la technologie pendant des interactions avec des contribuables

Afin d'améliorer l'expérience des contribuables et la pertinence de l'offre de services, les administrations fiscales complètent de plus en plus leur contenu en ligne statique (pages web et notices d'information, par exemple) par des services en ligne interactifs. Pour accompagner cette évolution, elles s'appuient de plus en plus sur la technologie pour les interactions avec les contribuables afin de fournir à ceux-ci, en temps réel, une assistance complète et facilement accessible.

Assistants virtuels

Le recours à des assistants virtuels ou numériques pour répondre aux questions des contribuables et favoriser l'utilisation en libre-service est courante, comme le montre le Tableau 3.4. dont il ressort que près des trois quarts des administrations déclarent s'être dotées d'assistants virtuels, notamment de robots conversationnels. La quasi-totalité d'entre elles disposent d'assistants virtuels obéissant à un ensemble de règles préalablement programmées lors d'interactions avec des contribuables. Cependant, 28 % des administrations utilisent également l'intelligence artificielle (IA) dans leurs assistants virtuels pour apporter un soutien plus sophistiqué. Le système est alors en mesure de répondre à des questions plus complexes posées par les contribuables et/ou d'apporter des réponses plus personnalisées. Ces systèmes ont également des capacités d'auto-amélioration.

Tableau 3.4. Mise à disposition d'assistants virtuels, 2024

Pourcentage d'administrations ayant mis en place la mesure indiquée

Des assistants virtuels, notamment des robots conversationnels, ont été mis à disposition	Si oui, ...	
	Un ou plusieurs assistant(s) virtuel(s) obéi(ssen)t à un ensemble de règles préprogrammées pendant des interactions avec des contribuables	Un ou plusieurs assistant(s) virtuel(s) utilisent d'autres outils d'intelligence artificielle pour personnaliser les interactions avec les contribuables
74.1	97.5	27.5

Source : OCDE et al. (2024), Inventaire des initiatives de technologie fiscale, https://www.oecd.org/content/oecd/fr/data/datasets/inventory-of-tax-technology-initiatives.html (consulté le 7 février 2025).

Intelligence artificielle

L'intelligence artificielle commence à être utilisée non seulement pour alimenter des assistants virtuels, mais aussi dans le cadre d'autres interactions avec des contribuables, par exemple pour donner des instructions aux contribuables et pour aider les agents des services fiscaux. Un peu plus d'une administration sur cinq utilise l'IA pour ces interactions, comme le montre le Tableau 3.5. L'IA peut notamment être utile aux contribuables au moment du dépôt de leurs déclarations fiscales ou aux agents des services fiscaux, pour leur suggérer des réponses possibles lors du traitement de courriers entrants, ou pour les aider pendant des échanges en direct avec des contribuables.

Tableau 3.5. Utilisation de l'IA (hors assistants virtuels) dans le cadre d'interactions avec des contribuables, 2024

Pourcentage d'administrations ayant mis en place la mesure indiquée

Utilisation de l'IA (hors assistants virtuels) dans le cadre d'interactions avec des contribuables	Si oui, type d'interactions...			
	Propositions de réponses possibles aux courriers entrants	Aide aux agents des services fiscaux pendant des échanges en direct avec des contribuables	Aide aux contribuables lors du dépôt de déclarations	Autres interactions
22.2	25.0	25.0	33.3	50.0

Source : OCDE et al. (2024), Inventaire des initiatives de technologie fiscale, https://www.oecd.org/content/oecd/fr/data/datasets/inventory-of-tax-technology-initiatives.html (consulté le 7 février 2025).

Réponses préprogrammées et automatisées

L'utilisation de réponses préprogrammées et automatisées peut alléger la charge de travail de l'administration et réduire les coûts, tout en permettant de gérer un volume important de demandes de manière cohérente et précise tout au long de la journée. Comme l'illustre le Tableau 3.6., environ deux tiers des administrations proposent des services reposant sur un ensemble de réponses préprogrammées et automatisées dans le cadre d'interactions avec des contribuables, la plupart d'entre elles le faisant pour des services téléphoniques ou des services de dépôt de déclarations.

Tableau 3.6. Utilisation des réponses préprogrammées et automatisées (hors assistants virtuels) dans le cadre d'interactions avec des contribuables, 2024

Pourcentage d'administrations ayant mis en place la mesure indiquée

Administration offrant des services qui reposent sur un ensemble de réponses préprogrammées et automatisées (hors assistants virtuels) dans le cadre d'interactions avec des contribuables	Si oui, type de service...				
	Services téléphoniques (répondeurs vocaux interactifs par exemple)	Services de dépôt des déclarations	Services d'enregistrement des contribuables	Services de paiement	Autres services
68.5	64.9	54.1	32.4	29.7	32.4

Source : OCDE et al. (2024), Inventaire des initiatives de technologie fiscale, https://www.oecd.org/content/oecd/fr/data/datasets/inventory-of-tax-technology-initiatives.html (consulté le 7 février 2025).

Garantir l'accessibilité

Les administrations fiscales doivent tenir compte du fait que certains citoyens peuvent ne pas être en mesure d'accéder aux services en ligne, par exemple parce qu'ils n'ont pas accès à l'internet ou parce qu'ils sont moins aptes à utiliser les outils en ligne disponibles. Garantir l'accessibilité en proposant des solutions d'accès aux services hors ligne ou d'autres formules, ou en donnant la possibilité d'utiliser certaines fonctionnalités, comme la compatibilité avec les lecteurs d'écran ou des solutions de synthèse vocale, peut contribuer à combler les déficits de communication et à améliorer l'accès aux services fiscaux. Ces solutions peuvent favoriser un renforcement de la confiance dans le système fiscal et promouvoir la discipline fiscale volontaire.

Bien que les administrations fiscales aient de plus en plus tendance à proposer leurs services en ligne, la plupart d'entre elles prennent également des mesures pour rester accessibles aux contribuables qui n'ont pas la capacité de communiquer via l'internet. D'après le Tableau 3.7, 87 % des administrations ont adopté des stratégies ciblées à l'intention des personnes dépourvues d'une connexion à l'internet. En outre, plus des trois quarts des administrations font en sorte que les services en ligne soient accessibles aux citoyens atteints de déficiences visuelles, auditives, motrices ou cognitives, et 63 % d'entre elles mesurent la façon dont ces contribuables perçoivent la qualité de l'offre de services.

Tableau 3.7. Garantir l'accessibilité, 2024

Pourcentage d'administrations ayant mis en place la mesure indiquée

Administration ayant adopté des stratégies ciblées à l'intention des personnes qui ne disposent pas d'un accès en ligne	Contribuables atteints de déficiences visuelles, auditives, motrices ou cognitives	
	Administration veillant à ce que ses services en ligne soient accessibles à un large éventail d'utilisateurs, y compris à des usagers atteints de déficiences visuelles, auditives, motrices ou cognitives	Si oui, dispositif de mesure, par l'administration, de la façon dont la qualité de l'offre de services est perçue par ces contribuables
87.0	75.9	63.4

Source : OCDE et al. (2024), Inventaire des initiatives de technologie fiscale, https://www.oecd.org/content/oecd/fr/data/datasets/inventory-of-tax-technology-initiatives.html (consulté le 7 février 2025).

Évaluation de l'expérience du contribuable

Parce que les administrations fiscales s'attachent de plus en plus à offrir des services en ligne, la plupart évaluent l'expérience des contribuables afin de pouvoir recenser plus facilement les sujets de préoccupation, améliorer la qualité et accroître la satisfaction des utilisateurs. Ces évaluations peuvent également apporter des éclairages sur des défaillances dans la prestation des services et sur les attentes nouvelles qui se font jour. Comme le montre le Tableau 3.8., 91 % des administrations évaluent l'expérience des contribuables qui utilisent leurs services en ligne ? Parmi celles qui le font, les enquêtes sont l'outil le plus utilisé, suivi des canaux de retour d'information en ligne. Un peu plus de la moitié d'entre elles procèdent à des tests utilisateurs et recourent à l'analytique web tandis qu'un peu moins de la moitié réalisent des entretiens.

Tableau 3.8. Mesurer l'expérience des contribuables utilisant des services en ligne, 2024

Pourcentage d'administrations ayant mis en place la mesure indiquée

Évaluation, par l'administration, de l'expérience des contribuables utilisant ses services en ligne	Si oui, méthode employée...					
	Enquête (en ligne ou sur papier)	Canaux de retour d'information en ligne (hors enquête)	Tests utilisateurs	Analytique web	Entretiens (par téléphone ou en personne)	Autres
90.7	89.8	71.4	55.1	53.1	49.0	8.2

Source : OCDE et al. (2024), *Inventaire des initiatives de technologie fiscale*, https://www.oecd.org/content/oecd/fr/data/datasets/inventory-of-tax-technology-initiatives.html (consulté le 7 février 2025).

Intégration des services dans les systèmes naturels des contribuables

Lorsque les services et les processus sont intégrés dans les systèmes naturels utilisés par les citoyens et les entreprises dans le cadre de leurs interactions quotidiennes, les contribuables peuvent plus facilement se conformer à leurs obligations fiscales de manière fluide, et trouver avantage à alléger leur charge administrative et à réduire le nombre d'erreurs de saisie. La plupart de ces systèmes naturels sont mis au point par des développeurs de logiciels extérieurs et bon nombre d'administrations sont un vecteur actif de la collaboration avec ces derniers du fait qu'elles cherchent à élargir leur offre à de nouveaux services, tels que le pré-remplissage des déclarations.

Intégration des interactions avec l'administration fiscale au sein de systèmes tiers

La connexion entre le système de l'administration fiscale et les systèmes naturels des contribuables est généralement facilitée par des interfaces de programmation d'applications (API) qui assurent une connectivité entre les systèmes sans accès direct. Il ressort du Tableau 3.9 que plus de 80 % des administrations fiscales développent des API, et que plus des trois quarts d'entre elles rendent leurs API accessibles au public pour une utilisation par des tiers. Par ailleurs, plus de la moitié des administrations participent à des projets conjoints de développement d'API avec des tiers.

Tableau 3.9. Développement d'API, 2024

Pourcentage d'administrations ayant mis en place la mesure indiquée

Développement d'API par l'administration	Si oui, ...	
	Mise à disposition par l'administration d'une bibliothèque d'API en accès libre en vue de son utilisation par des tiers	Participation de l'administration au développement d'API en coopération avec des tiers
83.3	75.6	55.6

Source : OCDE et al. (2024), *Inventaire des initiatives de technologie fiscale*, https://www.oecd.org/content/oecd/fr/data/datasets/inventory-of-tax-technology-initiatives.html consulté le 7 février 2025).

Le Tableau 3.10. illustre le type d'interactions pour lesquelles les administrations fiscales ont publié des API. Les API les plus couramment publiées concernent le dépôt des déclarations fiscales, le téléchargement de données dans les systèmes de l'administration fiscale, le paiement d'impôts, l'enregistrement à des fins fiscales et le traitement de la correspondance.

Tableau 3.10. Interactions pour lesquelles les administrations ont publié des API, par type d'impôt, 2024

Pourcentage d'administrations ayant mis en place la mesure indiquée

Type d'interactions	Impôt sur le revenu des personnes physiques	Impôt sur les bénéfices des sociétés	Taxe sur la valeur ajoutée
Enregistrement à des fins fiscales	34.1	35.6	30.2
Dépôt des déclarations fiscales	59.1	64.4	65.1
Paiement des impôts	40.9	37.8	37.2
Demande de report de délais (déclaration et paiement)	15.9	13.3	11.6
Demande de facilités de paiement	11.4	11.1	16.3
Demande de renseignements confidentiels dans un environnement sécurisé	22.7	22.2	23.3
Dépôt de réclamations fiscales	15.9	15.6	18.6
Traitement du courrier	31.8	33.3	30.2
Téléchargement de données sur les systèmes de l'administration fiscale	54.5	51.1	51.2
Autres interactions	34.1	37.8	44.2

Source : OCDE et al. (2024), *Inventaire des initiatives de technologie fiscale*, https://www.oecd.org/content/oecd/fr/data/datasets/inventory-of-tax-technology-initiatives.html (consulté le 7 février 2025).

Le guide de l'OCDE sur le développement des API au sein des administrations, publié en anglais seulement sous le titre *Unlocking the Digital Economy — A Guide to Unlocking Application Programming Interfaces in Government* (OCDE, 2019[2]), donne un aperçu des pratiques, techniques et normes utilisées pour fournir aux contribuables des services via des API. En outre, les éditions de la série de l'OCDE sur l'administration fiscale contiennent de nombreux exemples de développements d'API au sein des administrations fiscales, voir l'édition 2024 (OCDE, 2025[3]) et des éditions précédentes.

Par ailleurs, le rapport de l'OCDE sur une imposition fluide des PME, paru en 2022 en anglais seulement sous le titre *Towards Seamless Taxation : Supporting SMEs to Get Tax Right* (OCDE, 2022[4]), propose une analyse des moyens mis en œuvre par les administrations fiscales pour intégrer les processus d'imposition dans les systèmes naturels des PME, et met en évidence certains des principaux avantages qui en découlent et certaines des principales considérations à prendre en compte à cet égard.

Création de progiciels à destination des contribuables

En dehors de l'intégration des services, certaines administrations fiscales ont également commencé à créer des systèmes naturels pour les contribuables en développant des solutions logicielles que ceux-ci peuvent utiliser, par exemple pour l'archivage des données, la création et la conversion de fichiers et de formulaires électroniques et le pré-remplissage des déclarations. Ces logiciels peuvent servir à donner des instructions, à améliorer l'accessibilité et à faciliter une meilleure intégration entre les systèmes informatiques, et de ce fait contribuer à réduire les erreurs et à améliorer le respect des obligations fiscales tout en allégeant les formalités administratives.

Comme le montre le Tableau 3.11., les administrations fiscales peuvent les mettre au point par leurs propres moyens ou en partenariat avec des tiers. Les solutions logicielles les plus couramment mises au point par les administrations fiscales, que ce soit par leurs propres services ou dans le cadre de partenariats commerciaux avec des tiers, concernent en premier lieu les processus de dépôt des déclarations, et en second lieu les solutions de facturation électronique.

Tableau 3.11. (Co-)création de progiciels, 2024

Pourcentage d'administrations ayant mis en place la mesure indiquée

	Types de logiciels				
Stratégie de développement	Logiciels de comptabilité ou de tenue des comptes	Logiciels de gestion de la paie	Logiciels de facturation	Logiciels d'aide à la déclaration fiscale	Autres logiciels
Logiciels créés par l'administration	16.7	16.7	35.2	48.1	33.3
Logiciels pour lesquels l'administration noue des partenariats commerciaux avec des tiers	20.4	18.5	25.9	31.5	27.8

Source : OCDE et al. (2024), *Inventaire des initiatives de technologie fiscale*, https://www.oecd.org/content/oecd/fr/data/datasets/inventory-of-tax-technology-initiatives.html (consulté le 7 février 2025).

Références

OCDE (2025), *Administration fiscale 2024 : Informations comparatives sur les pays de l'OCDE et autres économies avancées et émergentes*, Éditions OCDE, Paris, https://doi.org/10.1787/dd2cb731-fr. [3]

OCDE (2024), *Administration fiscale 3.0 : La transformation numérique de l'administration de l'impôt*, Éditions OCDE, Paris, https://doi.org/10.1787/6c010f8f-fr. [1]

OCDE (2022), *Vers une fiscalité fluide : Accompagner les PME dans la bonne gestion de leurs obligations fiscales (uniquement disponible en anglais)*, Forum sur l'administration fiscale de l'OCDE, Éditions OCDE, Paris, https://doi.org/10.1787/656c89ab-en. [4]

OCDE (2019), *Libérer le potentiel de l'économie numérique : un guide pour la mise en œuvre des interfaces de programmation applicative (API) dans les administrations publiques (uniquement disponible en anglais)*, Éditions OCDE, Paris, https://doi.org/10.1787/56697aa7-en. [2]

4 Gestion et normalisation des données

Les données jouent un rôle central dans les administrations fiscales modernes, car elles facilitent le bon recouvrement de l'impôt, le respect des obligations fiscales et une prise de décision éclairée. Les administrations fiscales se transforment en organisations fondées sur les données et gèrent à ce titre des volumes croissants de données. Bien que la localisation de ces données diminue en importance avec la vision de l'Administration fiscale 3.0 (OCDE, 2024[1]), il est toujours nécessaire d'appliquer des mécanismes pour les gérer et les protéger.

Comme le montre le Tableau 4.1., environ les trois quarts des administrations fiscales disposent d'une stratégie intégrée de gestion des données, et ce chapitre examine quelques-uns des mécanismes sous-jacents qu'elles ont mis en place pour régir la gouvernance, la collecte et le partage des données, ainsi que l'analytique de données.

Gouvernance des données

Les volumes croissants de données gérés par les administrations fiscales s'accompagnent de la définition et de l'application d'approches plus sophistiquées pour les protéger, les gérer et garantir leur confidentialité, contribuant à renforcer la confiance des contribuables dans le système tout en garantissant le respect des obligations légales.

Parallèlement à la transformation numérique des administrations fiscales, l'analytique de données et l'automatisation fondée sur l'IA ont un rôle accru à jouer, en aidant les administrations fiscales à moderniser les processus tels que le préremplissage des déclarations de revenu, le partage de données et le calcul de la retenue à source, ainsi que pour l'offre de services numériques aux contribuables.

La confidentialité et la sécurité des données, tout comme le renforcement des normes de qualité des données, sous-tendent aussi l'échange efficace et sécurisé d'informations au sein des juridictions, y compris avec des tierces parties, et entre États, en contribuant à faire en sorte que toutes les parties aient confiance dans les cadres d'échange.

La gouvernance des données est au cœur de la gestion des données car elle garantit leur disponibilité, leur qualité et leur sécurité, ce qui améliore la confiance des contribuables dans le système. Face à l'augmentation du nombre de données entrantes et le développement de leur usage, les administrations fiscales investissent dans des processus de gouvernance des données et des garde-fous pour faire en sorte que les données soient stockées et utilisées à bon escient, et soient correctement protégées, en interne comme à l'extérieur.

Le Tableau 4.1. examine de plus près certaines pratiques de gouvernance des données suivies par les administrations fiscales dans les domaines suivants :

- **Qualité des données** : On ne saurait trop insister sur l'importance de la qualité des données. Disposer de données exactes, complètes et à jour est une nécessité pour toute administration fiscale. À cet égard, il est encourageant de constater que 85 % des administrations évaluent la qualité des données communiquées.

- **Accès et sécurité des données** : Protéger les données de tout accès non autorisé est une priorité absolue pour les administrations fiscales, car les violations de données, qu'elles se produisent en interne ou à l'extérieur, peuvent saper la confiance dans le système fiscal en général. Pratiquement toutes les administrations contrôlent l'accès aux données des utilisateurs et leur sécurité, et 94 % ont mis en place des unités chargées de la cybersécurité et mandatent des prestataires extérieurs pour vérifier la sécurité de leurs systèmes. En outre, 87 % des administrations ont déployé des systèmes qui détectent automatiquement l'accès non autorisé aux données, et 85 % emploient un responsable de la protection des données.
- **Utilisation éthique des données** : Trois quarts des administrations déclarent avoir mis en place un cadre d'utilisation éthique des données qui régit l'utilisation appropriée et responsable des données.

17 % des administrations signalent qu'elles utilisent d'ores et déjà l'intelligence artificielle dans le cadre de leur gouvernance des données, un phénomène qui devrait rapidement prendre de l'ampleur.

Tableau 4.1. Gouvernance des données, 2024

Pourcentage d'administrations ayant mis en place le processus cité

Une stratégie intégrée de gestion des données a été élaborée	La qualité des données communiquées est évaluée	Un cadre d'utilisation éthique des données a été mis en place	L'accès aux données utilisateurs et leur sécurité sont contrôlés	Les accès non autorisés sont détectés automatiquement	Un responsable de la protection des données a été engagé	Il existe une unité de cybersécurité	Des parties externes sont mandatées pour vérifier la sécurité des systèmes	L'intelligence artificielle est utilisée dans le cadre des processus de gouvernance des données
72.2	85.2	75.9	98.1	87.0	85.2	94.4	94.4	16.7

Source : OCDE et al. (2024), *Inventaire des initiatives de technologie fiscale*, https://www.oecd.org/content/oecd/fr/data/datasets/inventory-of-tax-technology-initiatives.html (consulté le 7 février 2025).

Collecte de données

Réception de données de contribuables via leur système d'entreprise et tiers

Alors que de plus en plus de données sont disponibles au format électronique, l'accès aux données, leur transfert et leur intégration prennent des formes nouvelles. Alors qu'auparavant les contribuables devaient traiter les données et les reporter sur des formulaires imprimés ou en ligne, les administrations fiscales reçoivent désormais, de plus en plus, des données directement des systèmes d'entreprise des contribuables et de tierces parties. Cela suppose d'établir une collaboration efficace avec les tierces parties concernées pour faire en sorte que les systèmes fonctionnent bien, de façon sécurisée et sans heurt. Les interfaces de programmation d'applications (IPA) jouent un rôle croissant à cet égard, comme l'explique le chapitre 3, mais il existe aussi des mécanismes qui permettent aux administrations d'accéder directement aux données dans les systèmes naturels des contribuables.

Dans le cadre des systèmes de retenue à la source, les administrations fiscales reçoivent des données directement des systèmes internes des employeurs, et ce depuis de nombreuses années. Comme le Tableau 4.2. l'illustre, c'est désormais aussi le cas pour des données autres que celles relatives aux retenues à la source pour environ 80 % des administrations. Parmi les administrations qui reçoivent ces données, 93 % indiquent que certaines données peuvent être téléchargées manuellement sur les systèmes de l'administration, et 77 % qu'une partie de ces données peuvent être envoyées à l'administration automatiquement, de machine à machine, sans intervention humaine.

En outre, 89 % des administrations déclarent recevoir des données directement de tierces parties. Là encore, pratiquement toutes les administrations indiquent que certaines de ces données peuvent être téléchargées manuellement dans les systèmes de l'administration via des interfaces dédiées, et 79 % qu'une partie de ces données peuvent être envoyées à l'administration automatiquement, de machine à machine.

Enfin, un petit nombre d'administrations (15 %) font savoir qu'elles peuvent accéder régulièrement aux données stockées dans les systèmes naturels des contribuables, ce qui souligne l'importance de la confiance entre les contribuables et l'administration fiscale.

Tableau 4.2. Données reçues de contribuables via leur système d'entreprise et données reçues de tiers, 2024

Pourcentage d'administrations ayant mis en place le processus cité

	Si oui :			Si oui :		
L'administration reçoit directement des données des systèmes d'entreprise des contribuables (hors systèmes de retenue à la source)	Certaines données peuvent être envoyées à l'administration automatiquement, de machine à machine, sans intervention humaine	Certaines données peuvent être téléchargées manuellement sur les serveurs de l'administration par l'intermédiaire d'interfaces dédiées	L'administration reçoit directement des données de tiers	Certaines données peuvent être envoyées à l'administration automatiquement, de machine à machine, sans intervention humaine	Certaines données peuvent être téléchargées manuellement sur les serveurs de l'administration par l'intermédiaire d'interfaces dédiées	Le système informatique de l'administration peut accéder régulièrement aux données stockées dans les systèmes naturels des contribuables
81.5	77.3	93.2	88.9	79.2	95.8	14.8

Source : OCDE et al. (2024), *Inventaire des initiatives de technologie fiscale*, https://www.oecd.org/content/oecd/fr/data/datasets/inventory-of-tax-technology-initiatives.htmlhttps://www.oecd.org/content/oecd/fr/data/datasets/inventory-of-tax-technology-initiatives.html (consulté le 7 février 2025).

Le rapport de l'OCDE intitulé *Tax Administration 3.0 and Connecting with Natural Systems: Initial Findings* (OCDE, 2022[2]) examine les enjeux et défis liés au passage à des systèmes de données connectés, et analyse les difficultés que pose la gestion de la disponibilité, de la qualité et de l'exactitude des données qui sont extraites à distance des systèmes naturels des contribuables.

Utilisation des données à des fins de préremplissage des déclarations

L'une des principales évolutions intervenues dans le processus d'établissement des déclarations de revenu ces dernières années est le préremplissage des déclarations, qui allège les contraintes liées au respect de la législation fiscale et réduit les coûts pour les contribuables. Cette approche consiste pour les administrations à « préremplir » la déclaration du contribuable avec des informations provenant de tiers. La déclaration préremplie peut ensuite être vérifiée par le contribuable et déposée par voie électronique ou sur papier. Grâce à l'existence de solutions technologiques telles que les systèmes de facturation électronique[1], le processus amorcé avec les déclarations au titre de l'impôt sur le revenu des personnes physiques (IRPP) est désormais disponible pour d'autres impôts, tels que la taxe sur la valeur ajoutée (TVA) et l'impôt sur les bénéfices des sociétés (IS).

Les déclarations préremplies sont particulièrement répandues pour l'IRPP, ainsi qu'il ressort du Tableau 4.3., puisque 85 % des administrations préremplissent les déclarations de l'IRPP avec les données qu'elles ont recueillies. Parmi celles qui le font, 75 % indiquent être en mesure de renseigner les déclarations de l'IRPP avec toutes les données nécessaires, de sorte que les contribuables n'ont rien à modifier.

Avec l'augmentation du volume de données disponibles, près de 40 % des administrations fiscales déclarent être en mesure de préremplir les déclarations de TVA et environ 25 % être en capacité de préremplir les déclarations au titre de l'IS. Environ 30 % d'entre elles sont capables de fournir aux contribuables redevables de la TVA et de l'IS des déclarations totalement préremplies sans que les contribuables aient besoin d'intervenir.

Les publications de l'OCDE sur l'administration fiscale, comme l'édition 2024 (OCDE, 2025[3]), contiennent des informations plus détaillées sur ce sujet, y compris de nombreux exemples de cas d'utilisation du préremplissage dans les juridictions.

Tableau 4.3. Préremplissage des déclarations de revenu par type d'impôt, 2024

Pourcentage d'administrations ayant mis en place le processus cité

Approche du préremplissage		Impôt sur le revenu des personnes physiques	Impôt sur les bénéfices des sociétés	Taxe sur la valeur ajoutée
L'administration préremplit automatiquement les déclarations fiscales à partir des données qu'elle collecte		84.6	25.9	38.0
Si oui :	Les déclarations sont automatiquement préremplies avec des informations sur les revenus (pour la TVA : avec des informations sur les opérations de vente et la TVA collectée)	97.7	78.6	89.5
	Les déclarations sont automatiquement préremplies avec des informations sur les dépenses/allégements (pour la TVA : avec des informations sur les opérations d'achat et la TVA acquittée)	77.3	71.4	89.5
	Pour certains contribuables, l'administration préremplit les déclarations de revenu avec toutes les données nécessaires, de sorte qu'ils n'ont pas à les modifier	75.0	28.6	31.6

Source : OCDE et al. (2024), *Inventaire des initiatives de technologie fiscale*, https://www.oecd.org/content/oecd/fr/data/datasets/inventory-of-tax-technology-initiatives.htmlhttps://www.oecd.org/content/oecd/fr/data/datasets/inventory-of-tax-technology-initiatives.html (consulté le 7 février 2025).

Pour permettre le préremplissage de renseignements, certaines juridictions simplifient leurs règles fiscales. Le Tableau 4.4. montre que 46 % des juridictions le font actuellement, en suivant diverses approches pour simplifier les règles. Par exemple, plus de la moitié ont simplifié ou réduit le nombre d'allégements fiscaux/de déductions imposables, et 47 % ont créé des régimes fiscaux particuliers assortis de règles simplifiées pour le calcul du revenu.

Tableau 4.4. Règles fiscales simplifiées permettant de préremplir les déclarations à partir de toutes les données collectées, 2024

Pourcentage de juridictions qui ont suivi cette approche

La juridiction a simplifié les règles fiscales lui permettant de préremplir les déclarations à partir de toutes les données qu'elle collecte	Approche suivie pour simplifier la règle fiscale		
	Simplification ou réduction du nombre d'allégements fiscaux/de déductions imposables	Création de régimes fiscaux particuliers assortis de règles simplifiées pour le calcul du revenu	Autres approches
45.5	53.3	46.7	53.3

Source : OCDE et al. (2024), *Inventaire des initiatives de technologie fiscale*, https://www.oecd.org/content/oecd/fr/data/datasets/inventory-of-tax-technology-initiatives.html (consulté le 7 février 2025).

C'est généralement l'éventail de données électroniques disponibles à l'administration qui détermine dans quelle mesure le préremplissage est possible. Ces données proviennent de divers fournisseurs tiers. Le Tableau 4.5. révèle que les principaux fournisseurs de données sont les autres entités publiques (80 %), suivies de près par les banques et les compagnies d'assurance (76 %).

Tableau 4.5. Fournisseurs de données utilisées pour préremplir les déclarations fiscales, 2024

Pourcentage d'administrations qui reçoivent les données concernées

De places de marché virtuelles (y compris dans le secteur de l'économie du partage et à la demande)	D'autres plateformes en ligne (négociation d'actions, monnaies, y compris cryptomonnaies , par exemple)	Des systèmes de comptabilit é des contribuabl es	Des systèmes de facturation électroniqu e	Des caisses enregistr euses en ligne	D'autres organismes publics	D'organismes privés tels que les banques et les compagnies d'assurance	D'autres juridictions (en dehors des données reçues au titre de la NCD, de la loi FATCA et de la Directive relative à la coopération administrative (DAC)
42.2	40.0	48.9	37.8	24.4	80.0	75.6	31.1

Source : OCDE et al. (2024), *Inventaire des initiatives de technologie fiscale*, https://www.oecd.org/content/oecd/fr/data/datasets/inventory-of-tax-technology-initiatives.html (consulté le 7 février 2025).

Partage de données

Le partage de données en interne, au sein de l'administration publique, et avec des tierces parties est un aspect important de la transformation numérique, qui allège les contraintes pour les contribuables et les citoyens et qui permet une plus grande fluidité des processus d'imposition et des autres procédures publiques au fil du temps.

De nombreux États s'acheminent vers l'application du principe de transmission unique des informations, par lequel les différents acteurs communiquent des données une seule fois à une administration publique ; ces données peuvent ensuite être partagées avec d'autres organismes publics et réutilisées pour de multiples usages. Les administrations fiscales ont un rôle crucial à jouer au sein de l'administration publique à cet égard, car elles détiennent en général des informations à jour sur l'identité et les comptes, sont associées aux paiements et ont mis en place des mécanismes permettant d'échanger des volumes importants d'informations avec des tierces parties.

Partage de données en interne et au sein de l'administration

Pour de nombreuses administrations fiscales, l'approche de « collecte unique pour une utilisation multiple » débute en interne, et près de 90 % d'entre elles disposent d'un système de gestion des données d'entreprise qui permet de consulter les informations relatives aux contribuables à l'échelle de l'administration. Le Tableau 4.6. montre également que pratiquement toutes les administrations transmettent des données en masse à d'autres organismes publics (ou même leur donnent directement accès à ces données) et en reçoivent d'autres organismes publics ou peuvent y accéder directement.

En renonçant au cloisonnement des données, tant au sein des organismes publics qu'entre eux, on pourra alléger sensiblement la charge et améliorer la fluidité des processus fiscaux et des autres procédures pour les citoyens et les entreprises.

Tableau 4.6. Partage de données en interne et au sein de l'administration, 2024

Pourcentage d'administrations ayant mis en place le processus cité

Il existe un système de gestion des données d'entreprise qui permet à l'ensemble des organismes publics de consulter les informations sur les contribuables	Partage des données avec d'autres composantes de l'administration	
	L'administration partage des données en masse avec d'autres organismes publics (ou leur donne directement accès à ces informations)	L'administration reçoit des données en masse de la part d'autres organismes publics ou a directement accès aux informations détenues par d'autres organismes publics
88.9	96.3	96.3

Source : OCDE et al. (2024), *Inventaire des initiatives de technologie fiscale*, https://www.oecd.org/content/oecd/fr/data/datasets/inventory-of-tax-technology-initiatives.html (consulté le 7 février 2025).

Outre le partage d'informations entre les organismes publics, les trois quarts des juridictions ont commencé à élaborer des bases de données communes à l'ensemble de l'administration (voir Tableau 4.7.). L'accès aux données s'en trouve simplifié, et les organismes publics ont la certitude de disposer d'informations à jour, puisque les citoyens et les entreprises ne doivent fournir les données qu'une seule fois. Comme le montre le Tableau 4.7., les bases de données les plus courantes sont le registre d'état civil, le registre foncier, le registre des entreprises et le registre des véhicules automobiles.

Tableau 4.7. Bases de données communes à l'ensemble de l'administration, 2024

Pourcentage de juridictions ayant mis en place le processus cité

Existence de bases de données communes à l'ensemble de l'administration	Si oui, types de bases de données				
	Registre d'état civil	Registre foncier	Registre des entreprises	Registre automobile	Autre
75.9	82.9	80.5	85.4	75.6	46.3

Source : OCDE et al. (2024), *Inventaire des initiatives de technologie fiscale*, https://www.oecd.org/content/oecd/fr/data/datasets/inventory-of-tax-technology-initiatives.html (consulté le 7 février 2025).

Partage de données avec des organismes tiers non publics

Outre le partage de données en interne, les administrations partagent de plus en plus les données des contribuables individuels avec des organismes tiers non publics, pour améliorer le recouvrement des retenues à la source, par exemple. Comme indiqué dans le Tableau 4.8, près de la moitié des administrations partagent des données avec des intermédiaires fiscaux, et près de 40 % avec des institutions financières. Le tableau montre également que selon le type d'organisme tiers, ce partage de données est soit automatique, soit initié par le contribuable.

Tableau 4.8. Partage de données avec des organismes tiers non publics, 2024

Pourcentage d'administrations ayant mis en place le processus cité

Type d'organisme tiers	Données sur les contribuables individuels partagées	Si oui : Le partage des données est automatique	Si oui : Le partage des données est à l'initiative du contribuable
Employeurs	29.6	81.3	56.3
Agents chargés du prélèvement à la source	29.6	68.8	31.3
Intermédiaires fiscaux	48.1	34.6	76.9
Établissements financiers	38.9	71.4	61.9
Autres tiers	22.2	75.0	41.7

Source : OCDE et al. (2024), *Inventaire des initiatives de technologie fiscale*, https://www.oecd.org/content/oecd/fr/data/datasets/inventory-of-tax-technology-initiatives.html (consulté le 7 février 2025).

Dans la mesure où les administrations fiscales détiennent de grandes quantités de données structurées, il n'est pas surprenant que certaines parties prenantes souhaitent accéder à ces informations à des fins d'analyse, par exemple pour des projets de recherche et de statistique. Pour protéger la vie privée et la confidentialité des contribuables, ces données sont anonymisées.

Comme l'illustre le Tableau 4.9., environ deux tiers des administrations partagent des données anonymisées sur les contribuables sur une base confidentielle avec des tiers à des fins d'analyse. En ce qui concerne le type de tiers avec lequel ces données sont partagées, les offices statistiques arrivent en tête (86 %), tandis que 60 % des données sont partagées avec des établissements universitaires/de recherche. En outre, 29 % des administrations partagent des données avec la banque centrale/nationale, et 26 % avec des organisations internationales.

Tableau 4.9. Partage de données avec des tiers à des fins d'analyse, 2024

Pourcentage d'administrations ayant mis en place le processus cité

Données anonymisées sur les contribuables partagées à titre confidentiel avec des tiers à des fins d'analyse	Dans l'affirmative, types de tiers qui ont reçu des données anonymisées sur les contribuables				
	Office(s) statistique(s)	Banque centrale/nationale	Organisations internationales	Établissements universitaires/de recherche	Autre
64.8	85.7	28.6	25.7	60.0	31.4

Source : OCDE et al. (2024), *Inventaire des initiatives de technologie fiscale*, https://www.oecd.org/content/oecd/fr/data/datasets/inventory-of-tax-technology-initiatives.html (consulté le 7 février 2025).

Analytique de données

L'analytique de données est devenue une partie intégrante et essentielle de l'administration de l'impôt, et sous-tend à la fois les fonctions opérationnelles et l'exploration de nouvelles possibilités d'amélioration de l'efficience et de l'efficacité de l'aide apportée à l'administration pour atteindre ses objectifs. Elle peut aider à détecter et à prévenir la fraude fiscale en repérant des schémas ou des anomalies dans le comportement des contribuables et, comme le montre le Tableau 4.10., un peu plus de la moitié des administrations utilisent la fonction d'analytique pour effectuer ces tâches en temps réel.

Tableau 4.10. Analytique de données : quelques caractéristiques, 2024

Pourcentage d'administrations ayant mis en place le processus cité

Il existe des capacités en matière de données massives, ainsi que les ressources humaines, compétences et infrastructures nécessaires	Utilisation d'un outil d'informatique décisionnelle et de visualisation à l'échelle de l'entreprise	Utilisation de l'analytique à des fins de prévention et de détection de la fraude fiscale en temps réel
85.2	88.9	51.9

Source : OCDE et al. (2024), *Inventaire des initiatives de technologie fiscale*, https://www.oecd.org/content/oecd/fr/data/datasets/inventory-of-tax-technology-initiatives.html (consulté le 7 février 2025).

Face au volume considérable d'informations structurées et non structurées dont les administrations fiscales disposent, l'existence des capacités nécessaires pour les traiter est un facteur de réussite important. Environ 85 % des administrations ont indiqué disposer des ressources humaines, des compétences et des infrastructures nécessaires pour analyser les données massives (voir Tableau 4.10.).

Celles qui disposent de ces capacités déclarent utiliser les données massives à des fins d'analyse pour améliorer la discipline fiscale (89 %), repérer les tendances (79 %) et prévoir les recettes (64 %). Environ 70 % des administrations fiscales ont également indiqué avoir recours à l'intelligence artificielle dans le cadre de cette analyse (voir Tableau 4.11).

Tableau 4.11. Utilisation des données massives à des fins analytiques, 2024

Pourcentage d'administrations ayant mis en place le processus cité

	Si oui :						
	Cas d'utilisation des données massives						
Données massives utilisées à des fins d'analyse	Amélioration de la conformité	Identification des tendances	Prévision stratégique	Prévision des recettes	Fourniture de nouveaux services	Autres finalités	Utilisation de l'intelligence artificielle/de l'apprentissage automatique dans le cadre de l'analyse de données massives
87.0	89.4	78.7	51.1	63.8	55.3	23.4	72.3

Source : OCDE et al. (2024), *Inventaire des initiatives de technologie fiscale*, https://www.oecd.org/content/oecd/fr/data/datasets/inventory-of-tax-technology-initiatives.html (consulté le 7 février 2025).

Conscient de l'importance de l'utilisation de l'analytique de données, le Forum sur l'administration fiscale de l'OCDE a mis au point le *Modèle de maturité d'analytique de données* (OCDE, 2023[4]) pour aider les administrations fiscales à auto-évaluer leur niveau actuel de maturité concernant l'utilisation et les capacités en matière d'analytique de données et ce, en apportant des éclairages sur leur statut actuel et en identifiant les domaines de faiblesses et de forces. Comme le montre le Graphique 4.1., ce modèle a été appliqué par plus de 40 administrations fiscales et les résultats des auto-évaluations ainsi réalisées permettent de guider et d'étayer leurs stratégies dans le domaine de l'analytique de données.

Graphique 4.1. Modèle de maturité d'analytique de données : résultats des auto-évaluations

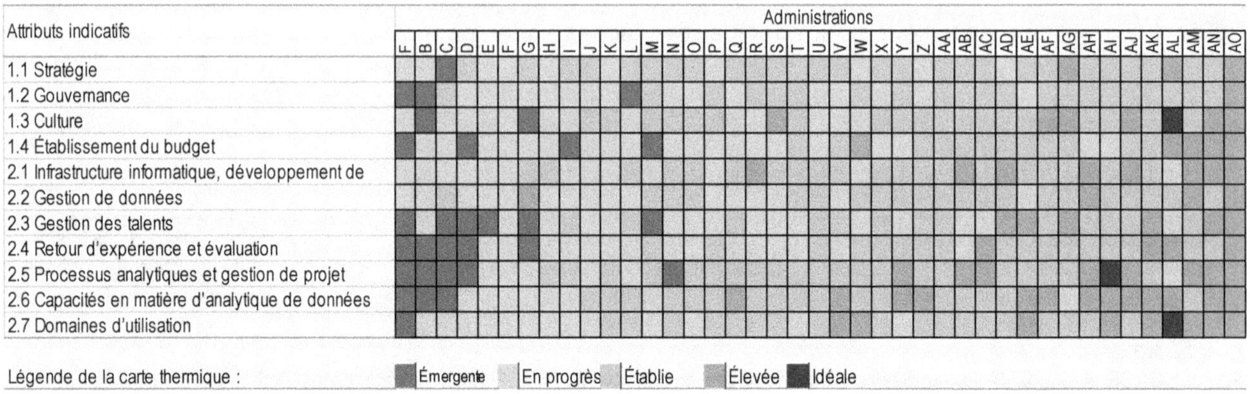

Source : OCDE (2022), *Modèle de maturité d'analytique de données*, https://www.oecd.org/content/dam/oecd/en/topics/policy-issues/tax-administration/analytics-maturity-model.pdf (consulté le 12 février 2025).

Innovations

Compte tenu du rôle croissant des données dans l'administration de l'impôt et de l'importance de suivre le rythme des progrès technologiques, les administrations fiscales réfléchissent également à des approches nouvelles et innovantes pour stocker, gérer et utiliser les données.

Le Tableau 4.12 illustre certaines de ces approches, notamment l'utilisation de l'analyse de réseau (72 %), de l'apprentissage automatique (61 %), de l'automatisation robotisée des processus (54 %) et du stockage en ligne (52 %).

Tableau 4.12. Approches innovantes utilisées dans le cadre des activités de gestion des données, 2024

Pourcentage d'administrations ayant mis en place le processus cité

Stockage en ligne	Automatisation robotisée de processus	Apprentissage automatique	Analyse de réseau	Approche DataOps
51.9	53.7	61.1	72.2	35.2

Source : OCDE et al. (2024), *Inventaire des initiatives de technologie fiscale*, https://www.oecd.org/content/oecd/fr/data/datasets/inventory-of-tax-technology-initiatives.html (consulté le 7 février 2025).

Références

OCDE (2025), *Administration fiscale 2024 : Informations comparatives sur les pays de l'OCDE et autres économies avancées et émergentes*, Éditions OCDE, Paris, https://doi.org/10.1787/dd2cb731-fr. [3]

OCDE (2024), *Administration fiscale 3.0 : La transformation numérique de l'administration de l'impôt*, Éditions OCDE, Paris, https://doi.org/10.1787/6c010f8f-fr. [1]

OCDE (2023), *Modèle de maturité de l'analytique de données*, OCDE, Paris, https://www.oecd.org/content/dam/oecd/fr/topics/policy-issues/administration-fiscale/modele-de-maturite-analytique-de-donnees.pdf (consulté le 12 Février 2025). [4]

OCDE (2022), *Administration fiscale 3.0 et connexion automatisée aux systèmes naturels : Premières conclusions (uniquement disponible en anglais)*, Forum sur l'administration fiscale de l'OCDE, Éditions OCDE, Paris, https://doi.org/10.1787/53b8dade-en. [2]

OCDE (2022), *Administration fiscale 3.0 et facturation électronique : Premières conclusions (uniquement disponible en anglais)*, Forum sur l'administration fiscale de l'OCDE, Éditions OCDE, Paris, https://doi.org/10.1787/2ffc88ed-en. [5]

Note

[1] Le rapport de l'OCDE intitulé *Tax Administration 3.0 and Electronic Invoicing: Initial Findings* (OCDE, 2022[5]) contient des informations sur les systèmes de facturation électronique et formule des observations que les administrations qui envisagent de mettre en œuvre ou de réformer de tels systèmes peuvent être amenées à prendre en compte.

5 Administration et application des règles fiscales

Le rapport de 2020 intitulé *Administration fiscale 3.0 : La transformation numérique de l'administration de l'impôt* (OCDE, 2024[1]) présente la vision de l'avenir de l'administration de l'impôt : plutôt que d'utiliser les systèmes informatiques de l'administration fiscale pour calculer l'impôt dû selon les règles fiscales en vigueur, l'idée est d'intégrer ces règles ainsi que les informations nécessaires à l'établissement de l'impôt dans les systèmes naturels des contribuables. De nombreuses juridictions ont déjà adopté cette approche, notamment en intégrant leurs procédures fiscales aux logiciels de paie utilisés par les employeurs dans le cadre des systèmes de retenue à la source.

Face à la complexité des systèmes fiscaux, les administrations fiscales font de plus en plus appel à la technologie pour rationaliser les processus et en améliorer la précision. Ainsi, elles sont désormais plus nombreuses à s'appuyer sur des textes lisibles par la machine. Cela permet de coder la législation dans un format numérique structuré, exploitable par les logiciels intégrés aux systèmes naturels des contribuables. Cette évolution facilite l'automatisation des calculs de l'impôt, la réalisation des contrôles de conformité en temps réel et permet une parfaite intégration dans les systèmes opérationnels et financiers des entreprises.

L'adoption de règles fiscales lisibles par la machine dans les cas appropriés peut renforcer la transparence, réduire les erreurs et améliorer les services rendus aux contribuables, tout en accélérant la mise à jour de la législation et des politiques. Elle permet également d'éviter les risques d'interprétations incertaines ou incohérentes de la législation fiscale. Comme le montre le Tableau 5.1., les pays n'en sont pas tous au même stade en ce qui concerne l'utilisation de la législation fiscale lisible par machine : environ 30 % d'entre eux indiquent publier l'ensemble de leur législation fiscale dans un format exploitable, tandis que 15 % le font pour une partie seulement.

Tableau 5.1. Conversion de la législation fiscale dans un format lisible par machine, 2024

Les pouvoirs publics publient la législation fiscale dans un format lisible par machine		
Oui, pour l'ensemble de la législation fiscale	Oui, pour certains textes	Non
31.5	14.8	53.7

Source : OCDE *et al.* (2024), Inventaire des initiatives de technologie fiscale, https://www.oecd.org/content/oecd/fr/data/datasets/inventory-of-tax-technology-initiatives.html (consulté le 7 février 2025).

La suite du chapitre examine les progrès réalisés en matière de gestion des règles fiscales, notamment à travers l'utilisation de cadres d'assurance destinés à valider leur intégration dans des produits et systèmes tiers, l'automatisation des procédures d'enregistrement, et le rôle de l'intelligence artificielle.

Cadres d'assurance

Parallèlement aux progrès technologiques et à l'utilisation généralisée des logiciels, un nombre croissant de développeurs tiers conçoivent des outils à des fins fiscales. Pour assurer l'intégrité du système fiscal, instaurer la confiance et aider les utilisateurs à choisir les bons produits, de nombreuses administrations fiscales ont mis en place des mécanismes d'assurance. Ces mécanismes visent à garantir que les produits tiers appliquent la législation fiscale de manière cohérente et que les résultats qu'ils produisent sont acceptables par l'administration.

Comme le montre le Tableau 5.2., environ un tiers des administrations disposent d'un cadre d'assurance dédié et la grande majorité des autres se sont dotées d'autres mécanismes destinés à garantir la bonne intégration des règles fiscales dans les logiciels tiers :

- 80 % des administrations fournissent une documentation technique pour aider les éditeurs de logiciels à concevoir leurs produits ;
- 77 % des administrations mettent en œuvre des contrôles concernant l'autorisation et la validation des informations échangées avec ces logiciels ; et
- 17 % des administrations exigent des éditeurs de logiciels le respect de spécifications précises en ce qui concerne les cycles de développement.

Seules 6 % environ ne disposent d'aucun cadre d'assurance ou d'un autre mécanisme.

Tableau 5.2. Cadres d'assurance, 2024

Pourcentage d'administrations ayant mis en place la mesure indiquée

	Types d'approches adoptées par l'administration **en l'absence** de cadre d'assurance				
Il existe un cadre d'assurance permettant à des tiers d'intégrer les règles fiscales dans leurs logiciels et de produire des résultats fondés sur ces règles qui sont acceptés par l'administration fiscale	L'administration fournit une documentation technique pour aider les éditeurs de logiciels à concevoir leurs produits	L'administration impose aux éditeurs de logiciels de respecter un cycle de développement afin de satisfaire aux spécifications requises	L'administration met en place des contrôles concernant l'autorisation et la validation des informations échangées	Autres approches	Absence d'approche
35.2	80.0	17.1	77.1	8.6	5.7

Source : OCDE *et al.* (2024), Inventaire des initiatives de technologie fiscale, https://www.oecd.org/content/oecd/fr/data/datasets/inventory-of-tax-technology-initiatives.html (consulté le 7 février 2025).

L'utilisation de logiciels fiables et sécurisés est essentielle pour préserver la confiance dans l'automatisation de la gestion des règles fiscales. Dans ce contexte, certaines administrations font preuve d'une transparence accrue quant aux logiciels qu'elles approuvent ou acceptent.

Le Tableau 5.3. révèle qu'un tiers des administrations publient la liste des logiciels approuvés ou acceptés. Environ 40 % tiennent à jour un registre des logiciels qu'elles approuvent ou acceptent, dont un peu plus des deux tiers sont publics. Le tableau montre également que les procédures d'approbation ou d'acceptation sont diverses. La majorité des administrations fiscales recourent à une procédure de certification. Plus de la moitié de ces administrations ont mis au point leur propre procédure de certification, et 18 % s'appuient sur les procédures d'un autre organisme public. Parmi les autres approches suivies, on peut citer l'approbation par l'administration d'une procédure de certification menée par un organisme privé (18 %), ou l'autodéclaration suivie de contrôles aléatoires effectués par l'administration (23 %).

Tableau 5.3. Logiciels approuvés ou acceptés, 2024

Pourcentage d'administrations ayant mis en place la mesure indiquée

Publication de la liste des logiciels approuvés ou acceptés	Tenue d'un registre des logiciels approuvés ou acceptés		Le cas échéant, type de procédure d'approbation ou d'acceptation				
	Existence d'un registre	Registre accessible au public	Certification par l'administration	Certification par un autre organisme public	Approbation par l'administration d'une procédure de certification menée par un organisme privé	Auto déclaration et contrôles aléatoires effectués par l'administration	Autres approches
33.3	40.7	68.2	54.5	18.2	18.2	22.7	31.8

Source : OCDE *et al.* (2024), Inventaire des initiatives de technologie fiscale, https://www.oecd.org/content/oecd/fr/data/datasets/inventory-of-tax-technology-initiatives.html (consulté le 7 février 2025).

Enregistrement/radiation automatique

L'enregistrement et l'identification des contribuables sont des éléments clés d'un système fiscal efficace. Ils garantissent le respect des obligations fiscales, renforcent la confiance et la transparence et peuvent parfois aussi faciliter l'accès aux prestations et aux subventions. Ces deux opérations jouent un rôle essentiel dans l'administration de l'impôt, notamment pour le calcul de l'impôt, l'application des régimes de retenue à la source et la prise en compte des déclarations de tiers et le recoupement des données.

L'automatisation de tout ou partie de ces procédures s'inscrit pleinement dans la vision de l'Administration fiscale 3.0 (OCDE, 2024[1]). L'enregistrement (et la radiation) automatique lors de certains événements du cycle de vie du contribuable, comme la création d'une entreprise ou l'inscription d'un vendeur sur une plateforme de l'économie du partage/à la demande, permet de réduire les charges administratives, d'accroître l'efficacité et l'exactitude, tout en garantissant le respect des obligations et en renforçant la confiance.

Le Tableau 5.4. montre que deux tiers des administrations fiscales peuvent enregistrer automatiquement les contribuables sur la base des données reçues de tiers, tandis que la moitié peuvent également procéder à leur radiation. Certains systèmes fiscaux vont plus loin en permettant aux tiers d'enregistrer ou de radier automatiquement les contribuables. Dans la plupart des cas, le consentement du contribuable est toutefois nécessaire. Seules quelques administrations peuvent enregistrer ou radier des contribuables sans leur consentement.

Tableau 5.4. Enregistrement et radiation automatiques des contribuables, 2024

Pourcentage d'administrations ayant mis en place la mesure indiquée

Sur la base des données reçues de tiers, l'administration procède automatiquement à ...		Les tiers peuvent procéder automatiquement à ...			
		L'enregistrement des contribuables		La radiation des contribuables	
L'enregistrement des contribuables	La radiation des contribuables	Sans le consentement du contribuable	Uniquement avec le consentement du contribuable	Sans le consentement du contribuable	Uniquement avec le consentement du contribuable
66.7	50.0	3.7	29.6	1.9	20.4

Source : OCDE *et al.* (2024), Inventaire des initiatives de technologie fiscale, https://www.oecd.org/content/oecd/fr/data/datasets/inventory-of-tax-technology-initiatives.html (consulté le 7 février 2025).

Retenue à la source par des tiers

Les régimes de retenue à la source contribuent de manière générale à une meilleure discipline fiscale, tout en allégeant considérablement les démarches pour un grand nombre de contribuables. C'est particulièrement vrai lorsque les contribuables n'ont pas besoin d'effectuer de régularisation, par exemple si le montant prélevé à la source est définitif ou calculé sur la base de leur situation fiscale exacte. Cela suppose généralement que les tiers soient informés des modifications apportées à la situation fiscale du contribuable afin de pouvoir retenir le montant exact. Comme le montre le Tableau 5.5., un peu plus de 20 % des administrations fiscales fournissent désormais ces informations de manière automatique.

Tableau 5.5. Retenues à la source par des tiers, 2024

Pourcentage d'administrations ayant mis en place la mesure indiquée

L'administration communique automatiquement des informations à des tiers sur la situation fiscale individuelle des contribuables lorsque celle-ci évolue afin de faciliter le prélèvement des impôts à la source	Le cas échéant :			
	Les tiers calculent le montant de la retenue à la source sur la base ...		La retenue à la source résulte ...	
	D'un taux d'imposition forfaitaire	De la situation fiscale du contribuable	De dispositions législatives	D'accords volontaires
22.2	41.7	58.3	91.7	8.3

Source : OCDE *et al.* (2024), Inventaire des initiatives de technologie fiscale, https://www.oecd.org/content/oecd/fr/data/datasets/inventory-of-tax-technology-initiatives.html (consulté le 7 février 2025).

Intelligence artificielle

L'intelligence artificielle (IA) est de plus en plus utilisée par les administrations fiscales pour renforcer leur efficacité et leur efficience, notamment en matière de gestion de la conformité, ainsi que pour améliorer la qualité des services offerts aux contribuables, en particulier en termes de personnalisation et de réactivité. D'après l'*Inventaire des initiatives de technologie fiscale*, 72 % des administrations déclarent recourir à l'IA (OCDE et al., 2024[2]).

Le Tableau 5.6. présente les principaux usages de l'IA par les administrations fiscales. Le plus répandu est la détection de la fraude et l'évasion fiscales, citée par les trois quarts des administrations fiscales. Suivent l'évaluation des risques (64 %), les assistants virtuels (59 %), l'aide aux agents pour prendre des décisions administratives (44 %) et la formulation de recommandations d'action (41 %). Les usages moins fréquents incluent la garantie de l'intégrité des systèmes/processus de l'administration fiscale (15 %), la fourniture automatisée d'informations personnalisées aux parties prenantes (13 %) et le règlement des différends (3 %). Dans le cadre de l'enquête qui sous-tend l'*Inventaire des initiatives sur la technologie à des fins fiscales* (OCDE et al., 2024[2]), les administrations ont également été interrogées sur leur utilisation éventuelle de l'IA pour prendre des décisions administratives définitives, mais aucune n'a déclaré recourir à l'IA à cette fin.

Tableau 5.6. Intelligence artificielle : principaux usages, 2024

Pourcentage d'administrations utilisant l'IA et ayant mis en place la mesure indiquée

Transmission automatisée d'informations personnalisées aux parties prenantes	Assistants virtuels	Processus d'évaluation des risques	Détection des cas de fraude et d'évasion fiscales	Assistance des agents du fisc pour la prise de décisions administratives	Formulation de recommandations quant aux mesures à prendre	Règlement des différends	Assurer l'intégrité des systèmes et procédures de l'administration fiscale	Autres usages
12.8	59.0	64.1	74.4	43.6	41.0	2.6	15.4	30.8

Note : Les pourcentages sont calculés sur la base des 72 % d'administrations ayant indiqué utiliser l'intelligence artificielle.
Source : OCDE *et al.* (2024), Inventaire des initiatives de technologie fiscale, https://www.oecd.org/content/oecd/fr/data/datasets/inventory-of-tax-technology-initiatives.html (consulté le 7 février 2025).

Toutefois, si l'IA offre indéniablement de nombreux avantages aux administrations fiscales, son adoption doit être rigoureusement encadrée afin de limiter les risques liés aux défis éthiques, à la protection des données et aux biais éventuels. Le Tableau 5.7. indique qu'une grande majorité des administrations qui utilisent l'IA (87 %) en restreignent l'usage, et qu'environ 40 % d'entre elles disposent d'un cadre éthique concernant son utilisation et ses applications.

Tableau 5.7. Intelligence artificielle : limites et cadre éthique, 2024

Pourcentage d'administrations utilisant l'IA et ayant mis en place la mesure indiquée

Restrictions à l'usage de l'intelligence artificielle	Cadre éthique concernant les applications de l'intelligence artificielle
87.2	41.0

Note : Les pourcentages sont calculés sur la base des 72 % d'administrations ayant indiqué utiliser l'intelligence artificielle.
Source : OCDE *et al.* (2024), Inventaire des initiatives de technologie fiscale, https://www.oecd.org/content/oecd/fr/data/datasets/inventory-of-tax-technology-initiatives.html (consulté le 7 février 2025).

L'un des principaux risques associés à l'utilisation de l'IA réside dans la nécessité de garantir son objectivité, ce qui conduit les administrations à mettre en place divers mécanismes à cette fin. Ces dispositifs peuvent être mis en œuvre par l'administration fiscale, ou confiés à un tiers. Le Tableau 5.8. en présente une ventilation par approche. Le tableau montre que plus de 80 % des administrations déclarent procéder elles-mêmes à l'analyse des informations utilisées pour alimenter le système d'IA, à l'exploration et au test des réponses apportées par l'IA, ainsi qu'au suivi des résultats produits par l'IA. La moitié des administrations fiscales indiquent procéder à l'examen du code source de l'IA.

Tableau 5.8. Intelligence artificielle : garantir l'objectivité, 2024

Pourcentage d'administrations utilisant l'IA et ayant mis en place la mesure indiquée

Organisme chargé de la mise en œuvre des approches	Approches adoptées par l'administration pour garantir l'objectivité des décisions prises par l'intelligence artificielle				
	Analyse du code source de l'IA	Examen des données d'entrée de l'IA	Sondage et test des réponses apportées par l'IA	Suivi des résultats de l'IA	Autres approches
Administration	51.3	82.1	84.6	82.1	30.8
Tiers	5.1	10.3	10.3	5.1	12.8

Note : Les pourcentages sont calculés sur la base des 72 % d'administrations ayant indiqué utiliser l'intelligence artificielle.
Source : OCDE *et al.* (2024), Inventaire des initiatives de technologie fiscale, https://www.oecd.org/content/oecd/fr/data/datasets/inventory-of-tax-technology-initiatives.html (consulté le 7 février 2025).

Innovations

Alors que la gestion et l'application des règles fiscales sont dans une large mesure automatisées, et que de grandes quantités de données sont générées tant en interne qu'en externe, les administrations fiscales poursuivent l'exploration de solutions nouvelles et innovantes afin de réduire les contraintes, d'offrir une sécurité juridique et de garantir le respect des obligations fiscales.

Le Tableau 5.9. présente certaines de ces solutions. Par exemple :

- 85 % des administrations utilisent des systèmes informatiques qui détectent automatiquement les erreurs ou les incohérences dans les données fournies par les parties prenantes ;
- environ 40 % des administrations permettent au contribuable ou à l'entreprise d'anticiper différents scénarios de traitement fiscal, afin d'éclairer leur processus de décision et de comprendre leurs futures obligations fiscales ; et
- près de 10 % des administrations ont commencé à utiliser la technologie des registres distribués dans le cadre de leurs procédures fiscales.

Tableau 5.9. Approches innovantes utilisées dans le cadre de la gestion des règles fiscales, 2024

Pourcentage d'administrations ayant mis en place la mesure indiquée

Des systèmes informatiques permettent de détecter automatiquement (sans intervention humaine) les erreurs ou les incohérences entachant les données transmises par les parties prenantes	Le système informatique permet aux contribuables ou aux entreprises de tester en amont différents scénarios de traitement fiscal afin d'éclairer leur processus de décision et d'estimer le montant de l'impôt dû	Technologie des registres distribués	
		Technologie des registres distribués utilisée dans le cadre des procédures fiscales de l'administration	Le cas échéant, l'administration recourt à des contrats intelligents intégrés à la technologie des registres distribués
85.2	42.6	9.3	60.0

Source : OCDE *et al.* (2024), Inventaire des initiatives de technologie fiscale, https://www.oecd.org/content/oecd/fr/data/datasets/inventory-of-tax-technology-initiatives.html (consulté le 7 février 2025).

Références

OCDE (2024), *Administration fiscale 3.0 : La transformation numérique de l'administration de l'impôt*, Éditions OCDE, Paris, https://doi.org/10.1787/6c010f8f-fr. [2]

OCDE et al. (2024), *Inventaire des initiatives de technologie fiscale*, https://www.oecd.org/content/oecd/fr/data/datasets/inventory-of-tax-technology-initiatives.html (consulté le 7 février 2025). [1]

6 Nouvelles compétences

Comme cela est indiqué dans la publication de l'OCDE *Administration fiscale 2024* (OCDE, 2025[1]), les coûts salariaux des administrations fiscales représentent en moyenne plus de 70 % de leur budget de fonctionnement, ce qui signifie que le personnel et ses compétences sont au centre de tout processus de transformation numérique. Au cours des dernières années, la dotation en personnel par fonction est restée stable, la fonction « contrôles, enquêtes et autres vérifications » et la fonction « enregistrement, services, déclarations et traitement des paiements » employant chacune en moyenne 30 % du personnel, suivies par la fonction « recouvrement des créances », qui représente en moyenne environ 10 % des effectifs (voir le Graphique 6.1.).

Graphique 6.1. Dotation en personnel par fonction, 2022

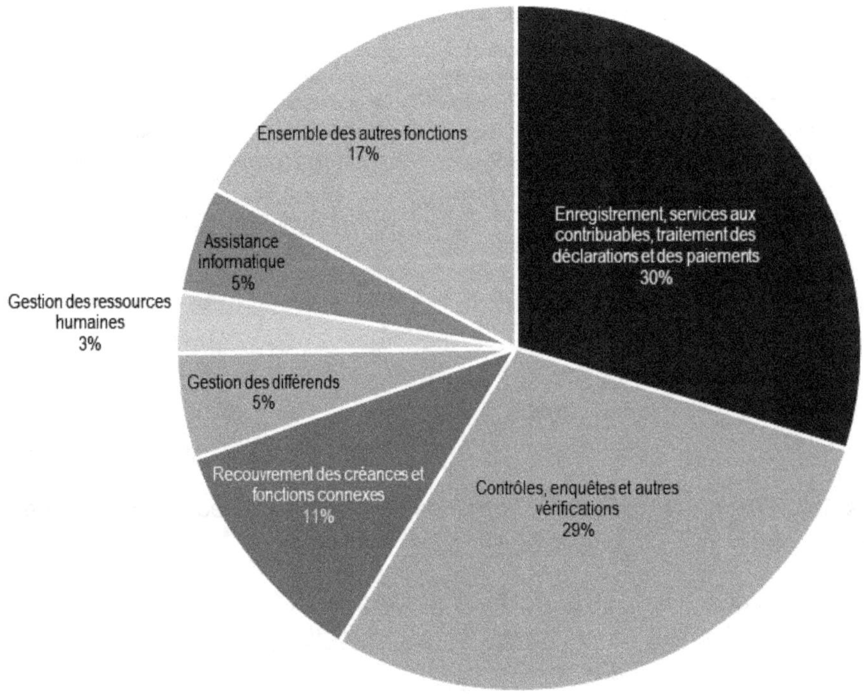

Source : OCDE (2025), *Administration fiscale 2024 : Informations comparatives sur les pays de l'OCDE et autres économies avancées et émergentes*, Éditions OCDE, Paris, https://doi.org/10.1787/dd2cb731-fr.

Néanmoins, même si ces chiffres sont stables depuis un certain temps, des changements notables ont déjà eu lieu, les administrations investissant dans de nouvelles compétences pour étayer l'administration électronique, fournir de nouveaux services et renforcer leurs capacités en matière d'analyses et de données.

Cette réorientation vers de nouvelles compétences va s'accentuer encore et probablement s'accélérer également avec la transformation numérique. À mesure que les plateformes et technologies numériques, telles que l'intelligence artificielle (IA), deviendront plus répandues dans les activités des administrations fiscales, le personnel en poste devra acquérir des compétences techniques dans divers domaines, allant de l'analytique de données à la cybersécurité, et/ou il faudra recruter de nouveaux effectifs dotés de ces compétences. Comme indiqué dans le rapport de 2020 intitulé *Administration fiscale 3.0 : La transformation numérique de l'administration de l'impôt* : « L'administration fiscale aura alors besoin de compétences davantage axées sur l'accompagnement du fonctionnement et de l'évolution de son système dans sa globalité. Cela signifie de faire appel à un plus grand nombre de spécialistes en informatique, de programmeurs, de scientifiques des données, de scientifiques du comportement et de stratèges. » (OCDE, 2024[2])

C'est dans ce contexte que nous examinons de plus près dans ce chapitre les approches adoptées par les administrations fiscales en matière de recensement et de cartographie des compétences. Il contient également des informations sur les approches adoptées par les administrations fiscales en vue d'instaurer une culture numérique sur les plans interne et externe.

Recensement et cartographie des compétences

Pour que la transformation numérique soit couronnée de succès, les administrations fiscales pourraient envisager de recenser et de cartographier à la fois les futures compétences qui seront nécessaires et les capacités actuelles de leurs effectifs.

Le Tableau 6.1. montre que les progrès réalisés à cet égard sont mitigés. Un peu plus d'un quart des administrations ont recensé les compétences futures nécessaires à une transformation numérique réussie pour l'ensemble de l'administration et, outre celles-ci, 45 % l'ont fait pour certains pans de l'administration. Parmi ces dernières, un peu plus de la moitié seulement (59 %) cartographient également les compétences de leurs effectifs actuels en les mettant en regard des besoins de compétences. Point intéressant, les administrations qui réalisent cet exercice de cartographie procèdent très majoritairement à un réexamen régulier de ses résultats et à leur intégration dans la stratégie globale de ressources humaines. Cela laisse à penser que cet exercice est très utile pour les administrations qui le réalisent.

Tableau 6.1. Les compétences nécessaires à la transformation numérique : recensement et cartographie, 2024

Pourcentage d'administrations ayant mis en place la mesure indiquée

Recensement des futures compétences nécessaires à une transformation numérique réussie		Si oui (pour l'ensemble ou des pans de l'administration) ...			
		Les compétences des agents sont cartographiées par mise en regard des besoins de compétences	Si oui, ...		
Pour l'ensemble de l'administration	Pour des pans de l'administration		La cartographie porte sur plusieurs années	La cartographie est réexaminée régulièrement	Les résultats de la cartographie sont intégrés dans la stratégie globale de ressources humaines
27.8	44.4	59.0	87.0	91.3	100.0

Source : OCDE et al. (2024), *Inventaire des initiatives de technologie fiscale*, https://www.oecd.org/content/oecd/fr/data/datasets/inventory-of-tax-technology-initiatives.html (consulté le 7 février 2025).

Le recensement et la cartographie des compétences peuvent être des processus complexes, si bien qu'un quart environ des administrations ayant recensé les futures compétences nécessaires à une transformation numérique réussie (pour l'ensemble de l'administration ou certains de ses pans) ont indiqué qu'elles faisaient appel à un prestataire externe, tel qu'un cabinet de conseil, pour ces deux exercices (voir le Tableau 6.2.).

Loin d'être spécifique aux administrations fiscales, la dynamique de transformation numérique est une réalité avec laquelle doivent également composer les autres organismes publics et les partenaires externes. Il peut donc être rationnel de travailler de concert sur les problèmes communs, ainsi que l'illustre le Tableau 6.2. Parmi les administrations ayant recensé les futures compétences nécessaires, trois quarts collaborent avec d'autres organismes publics et des partenaires externes pour améliorer les compétences des agents nécessaires à la transformation numérique, et un peu plus de 40 % collaborent avec ces entités pour constituer un vivier de recrutement potentiel axé sur la transformation numérique.

Tableau 6.2. Les compétences nécessaires à la transformation numérique : recours à des prestataires externes et collaboration, 2024

Pourcentage d'administrations ayant mis en place la mesure indiquée

Un prestataire externe, tel qu'un cabinet de conseil, a effectué ...		Collaboration avec d'autres organismes publics ou des partenaires externes ...	
le recensement des futures compétences nécessaires	la cartographie des compétences actuelles des agents	pour améliorer les compétences des agents nécessaires à la transformation numérique	pour constituer un vivier de recrutement potentiel axé sur la transformation numérique
28.2	25.6	74.4	43.6

Note : Les pourcentages indiqués se rapportent aux administrations ayant recensé les futures compétences nécessaires à une transformation numérique réussie, soit pour l'ensemble de l'administration, soit pour certains de ses pans (voir le Tableau 6.1).
Source : OCDE et al. (2024), *Inventaire des initiatives de technologie fiscale*, https://www.oecd.org/content/oecd/fr/data/datasets/inventory-of-tax-technology-initiatives.html (consulté le 7 février 2025).

Afin d'aider les administrations à évaluer leur maturité en matière de gestion des ressources humaines (RH), le Forum sur l'administration fiscale de l'OCDE a élaboré un modèle de maturité de la gestion des ressources humaines, qui met en exergue les éléments importants pour mettre en œuvre et conserver de bonnes pratiques RH, notamment en matière d'orientation stratégique et de gouvernance, de planification et de gestion des effectifs, ainsi que de soutien apporté au personnel (OCDE, 2025[3]).

Culture numérique

Transformer la culture organisationnelle de l'administration fiscale est un facteur essentiel de réussite de la transformation numérique. Cela suppose de communiquer sur la vision à haut niveau de la transformation numérique, ainsi que sur les avantages qui peuvent en découler pour l'administration, les contribuables et la société dans son ensemble.

Sachant que l'instauration d'une culture numérique est un processus qui peut exiger de rompre avec d'anciennes habitudes et d'appliquer de nouvelles méthodes, l'adoption d'une approche stratégique peut être bénéfique. Environ deux tiers des administrations indiquent avoir élaboré une stratégie en vue d'instaurer une culture numérique en leur sein. En outre, près de la moitié des administrations ont fait de même pour les contribuables qui relèvent de leur compétence, et 40 % pour les conseillers auxquels elles font appel (voir le Tableau 6.3).

Comme cela a été indiqué, la communication est un facteur de réussite important, en particulier pour préserver l'adhésion à la stratégie élaborée, si bien que :

- deux tiers des administrations veillent à communiquer sur leur stratégie de transformation numérique auprès de l'ensemble de leurs effectifs, afin qu'ils comprennent leurs rôles et responsabilités ; et

- les trois quarts des administrations informent régulièrement leur personnel et les autres principales parties prenantes sur la mise en œuvre de leur stratégie de transformation numérique et les progrès accomplis (voir le Tableau 6.3.).

Tableau 6.3. Culture numérique : stratégie, communication et dialogue, 2024

Pourcentage d'administrations ayant mis en place la mesure indiquée

Stratégie élaborée pour instaurer une culture numérique ...			L'administration communique sur sa stratégie de transformation numérique ou les changements auprès de tous les agents, afin qu'ils comprennent leurs rôles et responsabilités respectifs	Un dialogue régulier concernant la stratégie de transformation numérique, sa mise en œuvre et les progrès accomplis a lieu avec le personnel et les autres parties prenantes
au sein de l'administration	parmi les contribuables	parmi les conseillers		
66.7	48.1	40.7	66.7	75.9

Source : OCDE et al. (2024), Inventaire des initiatives de technologie fiscale, https://www.oecd.org/content/oecd/fr/data/datasets/inventory-of-tax-technology-initiatives.html (consulté le 7 février 2025).

On trouvera de plus amples informations sur l'importance de transformer la culture organisationnelle et d'adopter une démarche innovante et centrée sur le contribuable dans l'ensemble de l'administration, ainsi que des recommandations et des études de cas, dans le rapport intitulé *Tax Administration 3.0 - From Vision to Strategy* (OCDE, 2025[4]).

References

OCDE (2025), *Administration fiscale 2024 : Informations comparatives sur les pays de l'OCDE et autres économies avancées et émergentes*, Éditions OCDE, Paris, https://doi.org/10.1787/dd2cb731-fr. [1]

OCDE (2025), *Administration fiscale 3.0 – de la vision à la stratégie (uniquement disponible en anglais)*, OCDE, Paris, http://www.oecd.org/content/dam/oecd/en/topics/policy-issues/tax-administration/tax-administration-3-0-from-vision-to-strategy.pdf. [4]

OCDE (2025), *Modèle de maturité en ressources humaines (uniquement disponible en anglais)*, OCDE, Paris, http://www.oecd.org/content/dam/oecd/en/topics/policy-issues/tax-administration/human-resources-maturity-model.pdf (consulté le 27 Mai 2025). [3]

OCDE (2024), *Administration fiscale 3.0 : La transformation numérique de l'administration de l'impôt*, Éditions OCDE, Paris, https://doi.org/10.1787/6c010f8f-fr. [2]

7 Cadres de gouvernance

Il est important d'intégrer la transformation numérique au cœur de la gouvernance et des processus de l'administration fiscale afin de s'assurer que la transformation à long terme est prise en compte au même titre que d'autres priorités à court terme. La transformation numérique nécessite en outre l'interconnexion des systèmes et procédures de plusieurs parties prenantes, notamment ceux des secteurs public et privé, à l'échelle nationale et internationale. L'existence d'un cadre de gouvernance peut permettre de rassembler ces parties prenantes d'une façon structurée et donc d'aider les administrations fiscales à mettre en place des processus décisionnels et des lignes directrices clairs, ainsi que des rôles et des responsabilités bien définis, dans le but de mettre en œuvre et superviser efficacement les initiatives de transformation numérique.

Il existe différentes méthodes de mise en œuvre d'un cadre de gouvernance, lesquelles peuvent varier en fonction du contexte et des besoins propres à chaque administration. Il s'agit toutefois essentiellement pour les administrations de fixer des objectifs de transformation numérique, ainsi qu'un certain nombre de mesures stratégiques pouvant être prises pour les atteindre, et de définir les modalités de coopération des parties prenantes. Le présent chapitre s'intéresse à la façon dont les administrations fiscales abordent la transformation numérique, ainsi qu'aux stratégies et éléments de gouvernance mis en place par celles-ci.

Stratégie de transformation numérique

La transformation numérique représente un changement d'envergure dans le mode de fonctionnement d'une entité, et pour des entités aussi grandes et complexes que les administrations fiscales, il ne peut avoir lieu que progressivement. En vue de suivre une approche structurée, un nombre grandissant d'administrations mettent au point des stratégies de transformation numérique qui définissent des objectifs, un calendrier et un ordre de priorité pour chaque étape.

Afin d'aider les administrations fiscales à identifier les différents chemins qu'il leur est possible d'emprunter pour progresser sur la voie de la transformation numérique, le Forum sur l'administration fiscale (FTA) de l'OCDE a créé un *Modèle de maturité de transformation numérique* (OCDE, 2022[11]), disponible en quatre langues. Ce modèle est un outil d'auto-évaluation destiné à aider les administrations à cerner leur niveau de maturité numérique, et qui, en indiquant la trajectoire à suivre pour atteindre un niveau plus élevé de maturité, peut éclairer les stratégies de transformation numérique et permettre de définir des axes d'amélioration. Le modèle a été appliqué par près de 60 administrations fiscales. Les résultats des évaluations, publiés sous la forme d'une carte thermique anonymisée (voir le Graphique 7.1 pour les derniers résultats), permettent également aux administrations fiscales de se comparer à leurs pairs et de prendre contact, par l'intermédiaire du Secrétariat du FTA, avec d'autres administrations, à des fins d'échange et d'apprentissage entre pairs. (OCDE, 2022[11])

Graphique 7.1. Modèle de maturité de transformation numérique : résultats des auto-évaluations

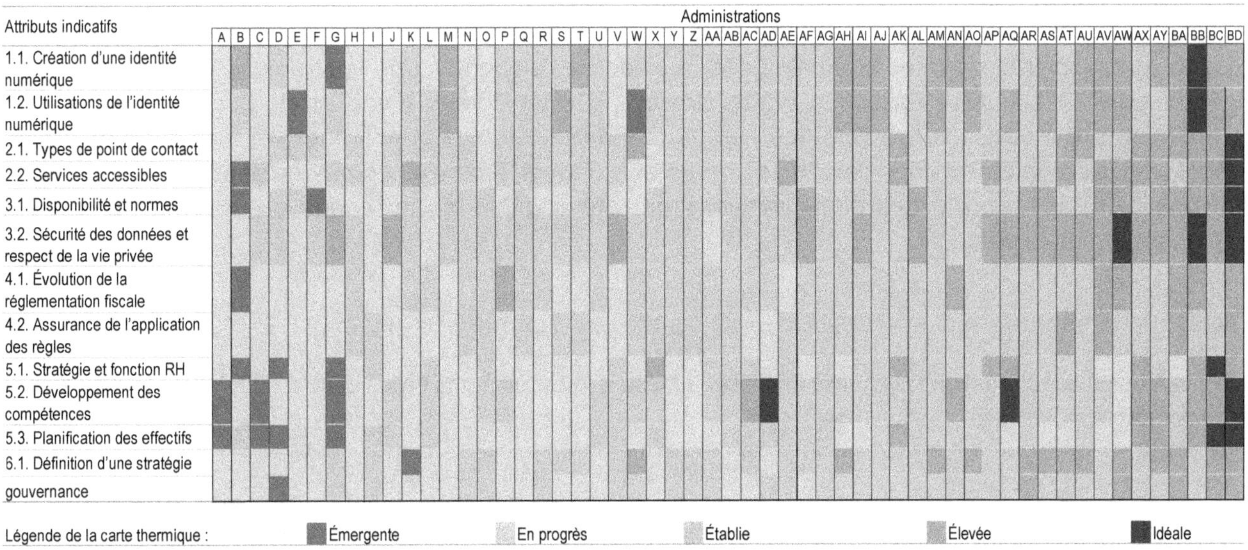

Source : OCDE (2022), Modèle de maturité de transformation numérique, https://www.oecd.org/content/dam/oecd/fr/topics/policy-issues/administration-fiscale/modele-de-maturite-transformation-numerique.pdf (consulté le 12 février 2025).

L'importance des stratégies de transformation numérique est mise en évidence par le Tableau 7.1, où l'on observe que presque 80 % des administrations fiscales ont élaboré une stratégie de transformation numérique. Parmi ces dernières, près de 70 % ont déclaré avoir adopté une stratégie pour les trois à cinq années à venir, tandis que les autres administrations ont opté pour une stratégie à plus court (9 %) ou à plus long terme (21 %).

Les chiffres figurant au Tableau 7.1 confirment en outre que les administrations fiscales sont conscientes de l'importance du suivi de la progression de leur stratégie de transformation numérique, dans la mesure où une grande majorité d'entre elles ont mis une telle mesure en place. Il est en outre judicieux pour les administrations fiscales de se demander si elles doivent participer à la stratégie globale de transformation numérique des administrations publiques, et selon quelles modalités. Cette démarche peut permettre de proposer, à l'avenir, des services publics interconnectés, de réduire les coûts grâce aux économies d'échelle, et d'éviter une duplication des efforts. Comme le montre le Tableau 7.1, la quasi-totalité des administrations fiscales alignent leur stratégie de transformation numérique sur la stratégie globale de transformation numérique des administrations publiques. Enfin, il peut être pertinent pour les administrations fiscales d'affecter des financements pour la durée de la stratégie afin d'assurer sa viabilité, sachant qu'un peu moins de la moitié d'entre elles ont pris cette initiative.

Tableau 7.1. Éléments des stratégies de transformation numérique, 2024

Pourcentage d'administrations ayant mis en place la mesure indiquée

	Le cas échéant :						
	Durée de la stratégie						Le cas échéant :
Une stratégie de transformation numérique a été élaborée.	Moins de 3 ans	3 à 5 ans	Plus de 5 ans	Un suivi des progrès accomplis au regard de la stratégie de transformation numérique est effectué.	Des financements sont affectés pour la durée de la stratégie.	Il existe une stratégie globale de transformation numérique des administrations publiques.	La stratégie de l'administration fiscale est alignée sur la stratégie globale de transformation numérique des administrations publiques.
79.6	9.3	69.8	20.9	95.3	48.8	97.7	97.6

Source : OCDE et al. (2024), *Inventaire des initiatives de technologie fiscale*, https://www.oecd.org/content/oecd/fr/data/datasets/inventory-of-tax-technology-initiatives.html (consulté le 7 février 2025).

La transformation numérique concerne toutes les composantes d'une administration, ainsi qu'un large éventail de parties prenantes, dont les contribuables, les intermédiaires, les prestataires de services et les responsables de l'action publique. Pour mener à bien cette transformation, les administrations peuvent souhaiter associer ces parties prenantes dès le stade de l'élaboration de la stratégie. Comme le montre le Tableau 7.2, la quasi-totalité des administrations (98 %) dotées d'une stratégie de transformation numérique ont mobilisé l'ensemble des parties prenantes internes concernées, et une part importante (86 %) a sollicité la contribution de parties prenantes externes. Grâce aux données et aux outils d'analyse, un peu plus de la moitié des administrations ont prévu différents scénarios au cours du processus d'élaboration de la stratégie.

Tableau 7.2. Élaboration d'une stratégie de transformation numérique, 2024

Pourcentage d'administrations ayant mis en place la mesure indiquée parmi celles qui ont adopté une stratégie de transformation numérique

Toutes les principales parties prenantes internes, y compris l'équipe dirigeante et les domaines fonctionnels concernés, ont participé à l'élaboration de la stratégie.	Des contributions de parties prenantes externes, telles que d'autres composantes de l'administration publique, des responsables de la politique fiscale, des associations et représentants de contribuables, ont été sollicitées.	L'administration a eu recours à des analyses et à l'exploitation de données pour prévoir différents scénarios au cours du processus d'élaboration de la stratégie.
97.7	86.0	53.5

Note : Les pourcentages se rapportent aux administrations qui ont élaboré une stratégie de transformation numérique (voir le tableau 7.1.).
Source : OCDE et al. (2024), *Inventaire des initiatives de technologie fiscale*, https://www.oecd.org/content/oecd/fr/data/datasets/inventory-of-tax-technology-initiatives.html (consulté le 7 février 2025).

Gouvernance de la transformation numérique

L'existence d'un organe de gouvernance chargé de superviser les processus pertinents, de fournir une orientation stratégique et d'assurer la bonne mise en œuvre des mesures recommandées dans la stratégie de transformation numérique constitue un élément important des cadres de gouvernance.

Le Tableau 7.3 montre que près de 80 % des administrations sont dotées d'un organe de gouvernance au niveau de la direction qui est chargé de superviser la transformation numérique de l'administration. Dans près de la moitié d'entre elles, des parties prenantes externes occupent des fonctions officielles au sein de l'organe de gouvernance. Les quatre cinquièmes des parties prenantes extérieures proviennent d'autres composantes de l'administration publique, lesquelles sont suivies du secteur privé (35 %) et de la société civile (25 %).

Tableau 7.3. Organes de gouvernance, 2024

Pourcentage d'administrations ayant mis en place la mesure indiquée

Un organe de gouvernance au niveau de la direction a été mis en place afin de superviser le processus de transformation numérique.	Le cas échéant :				
		Le cas échéant, ces parties prenantes extérieures sont issues :			
	Des parties prenantes extérieures occupent des fonctions officielles au sein de l'organe de gouvernance.	D'autres composantes de l'administration publique	Du secteur privé	De la société civile	D'autres secteurs
77.8	47.6	80.0	35.0	25.0	15.0

Source : OCDE et al. (2024), *Inventaire des initiatives de technologie fiscale*, https://www.oecd.org/content/oecd/fr/data/datasets/inventory-of-tax-technology-initiatives.html (consulté le 7 février 2025).

Outre les organes de gouvernance, les administrations peuvent avoir mis en place d'autres éléments et mesures de gouvernance pertinents, ainsi qu'il est indiqué dans le Tableau 7.4. Par exemple, environ 80 % des administrations ont mis en place des activités de gestion de projet à l'appui du passage à l'administration numérique de l'impôt, et 70 % ont créé des postes spécifiques (directeur/trice du numérique, par exemple) pour la gestion et le pilotage des travaux relatifs à la transformation numérique.

Il est également intéressant de constater que lorsqu'il existe une approche concertée de la gouvernance de la transformation numérique à l'échelle de l'administration publique dans son ensemble, un peu plus de 60 % des administrations fiscales sont directement représentées dans ces structures de gouvernance, ce qui témoigne clairement du rôle important que joue l'administration fiscale dans la transformation numérique au sens large au sein d'une juridiction.

Tableau 7.4. Autres éléments de gouvernance, 2024

Pourcentage d'administrations ayant mis en place la mesure indiquée

			Le cas échéant :
Des activités de gestion de projet à l'appui du passage à l'administration numérique de l'impôt ont été mises en place.	Des fonctions/postes spécifiques ont été créés pour la gestion et le pilotage des travaux relatifs à la transformation numérique (directeur/trice du numérique, par exemple).	Il existe une approche concertée de la gouvernance de la transformation numérique à l'échelle de l'administration publique dans son ensemble.	L'administration fiscale est directement représentée au sein des structures de gouvernance mises en place dans le cadre de l'approche concertée à l'échelle de l'administration publique dans son ensemble.
81.5	70.4	72.2	61.5

Source : OCDE et al. (2024), *Inventaire des initiatives de technologie fiscale*, https://www.oecd.org/content/oecd/fr/data/datasets/inventory-of-tax-technology-initiatives.html (consulté le 7 février 2025).

Consciente de l'importance de définir une stratégie de transformation numérique et de mettre en place des structures de gouvernance adéquates, l'OCDE a publié un nouveau rapport intitulé *Tax Administration 3.0 - From Vision to Strategy* (OCDE, 2025[10]). Ce rapport décrit les mesures que les directeurs d'administration et les hauts responsables peuvent prendre pour élaborer et mettre en œuvre une stratégie de transformation numérique. Il aborde le changement organisationnel et le fonctionnement interne des administrations fiscales, ainsi que la manière dont celles-ci interagissent avec l'écosystème fiscal au sens large. Le rapport contient également plusieurs liens vers des présentations des mesures déjà entreprises par différentes administrations afin d'inspirer d'éventuelles nouvelles initiatives.

Références

OCDE (2025), *Administration fiscale 3.0 – de la vision à la stratégie (uniquement disponible en anglais)*, OCDE, Paris, http://www.oecd.org/content/dam/oecd/en/topics/policy-issues/tax-administration/tax-administration-3-0-from-vision-to-strategy.pdf. [2]

OCDE (2022), *Modèle de maturité de transformation numérique*, OCDE, Paris, https://www.oecd.org/content/dam/oecd/en/topics/policy-issues/tax-administration/digital-transformation-maturity-model.pdf (consulté le 12 Février 2025). [1]

www.ingramcontent.com/pod-product-compliance
Lightning Source LLC
LaVergne TN
LVHW082053051026
849532LV00011B/3578